KB214178

시편의
표현과
이미지

시편의
표현과
이미지

지은이 | 윤춘식
펴낸이 | 원성삼
표지디자인 | 한영애
펴낸곳 | 예영커뮤니케이션
초판 1쇄 발행 | 2022년 4월 13일
등록일 | 1992년 3월 1일 제 2-1349호
주소 | 03128 서울시 종로구 대학로3길 29, 313호(연지동, 한국교회100주년기념관)
전화 | (02)766-8931
팩스 | (02)766-8934
이메일 | jeyoung@chol.com
ISBN 979-11-89887-49-0 (93230)

값 15,000원

모든 인간은 하나님의 형상을 닮은 존귀한 존재입니다. 사람은 인종, 민족, 피부색, 문화, 언어에 관계없이 모두 다 존귀합니다. 예영커뮤니케이션은 이러한 정신에 근거해 모든 인간이 존귀한 삶을 사는 데 필요한 지식과 문화를 예수 그리스도의 사랑으로 보급함으로써 우리가 속한 사회에 기여하고자 합니다.

시편의 표현과 이미지

윤춘식 지음

The Expression & Images of the Psalms

교회공동체 예배를 위한
노래와 신학 산책

예영 커뮤니케이션

JUBILEE를 맞아
본서를 나의 가족과 선교사님들과
오병세 스승님께 드립니다.

/ 차례 /

시편의 표현과 이미지

박종칠 교수(구약학)

저자 윤춘식 교수는 시편과 함께 50년 회년을 맞이했다! 나는 본서의 원고를 읽고 보면서 그의 인격이며 학문의 세계 특히 구약 시편에 대하여 몰라보게 성숙해 있음을 발견하였다. 고교 시절에 이미 수상 경력이 있는 대중화의 시정詩情 (lyrics)에서부터 시편이 하나님 말씀이라는 대단원의 신비한 산정山頂에 이르기까지 알프스 산의 목동처럼 하나님이 주신 운율로 해석하고 있다. 윤 교수는 시편 초원의 노래를 지성으로 꿰뚫는다. 하나님께서 그에게 주신 시적 달란트는 언어 선택에서 유감없이 발휘되며 이 책에서도 나타난다.

'분열이라는 시린 역사를 더듬어야 할 것이다', '자연 속에서 겪는 흙냄새를 풍긴다', '자연의 색깔은 인공적 색감과는 달리 대부분 낮은 채도로 형성되었다', '하나님의 말씀은… 생활 속의 미학보다 심령에 선포하시는 삶의 로고스임을 묵상하는 대목', '예배 언어로 직조되어 있다', '머뭇거리며 전율을 느끼게 되는 바로 그 증거', '언어라는 도구에 익숙해 질 수 있는 고단한 행로' 등이다. 그리고 시편 연구에는 이방 신화의 어휘와 비유들이 가시덤불처럼 산재해 있음을 예견해, 비평학자들이 성경의 시편이 신화에서 기인하는 논리를 펴면 윤 교수는 "논박의 영적 분기점을 제시한다"라고 재미나는 말을 쓴다. '하나님 외에는 의지하고 믿을 대상이 없다는 신뢰에의 충혈된 혈관이 파열된다… 계시의 감동을 맛보며 진리의 채광을 흡수하는 신앙', '히브리 시적 표현에 관한 밀도를 드높였다' 등. 이러한 헤아릴 수 없을 만큼 시적 어휘의 풍부함과 짜임새 있는 문장이 있기에 읽을 재미가 나는 책이다. 책을 구입하는 것이 어디 전체가 다 좋아서이기도 하겠지만 재미를 더하는 시적 문장들이 톡톡 튀어나오기에 나의 삶에 활력을 준다면 사 볼만한 책이 아닌가.

먼저, 본서의 전체적 흐름을 조명해본다. 이 책은 그 주제에 따라 아주 집약적이고 함축된 내용을 담고 있다. 매 장章마다 시편을 이해하는 데 풍성한 경험과 지식을 공급하는데, 각기 나무들을 열람하고서 전체 숲을 지나칠까 하여 독자들을 돕는 뜻에서 전체의 그림을 제안하고자 한다. 본서의 네 가지 강점에 대해서;

(1) 저자는 19세기 후부터 나타난 내노라 하는 독일의 시편 연구가들과 율리우스 벨하우젠(Julius Wellhausen) 이후 소위 종교사학파를 비롯한 궁켈, 모빙켈, 클라우스 베스터만, 요아킴 크라우스, 고트프리트 쿠엘, 헬머 링그렌 등에 대해서 개관하고 있으며, 이 외에도 윤 교수의 논거에 다른 말을 하는 많은 비평학자들의 견해들을 여기저기서 비판하는 데 원용한다. 라스 샴라(Ras Shamra) 우가리트 토판 문서에 기초하여 근거한 시편총론을 쓴 미첼 다후드(M. Dahood)에 관해서도 시편 29편과 관련하여 이 토판 문서의 내용을 언급한

다. 시편 연구자는 이런 비평가들의 논점도 제대로 파악해야 시편의 말씀에 대한 확신과 비평을 넘어서는 내공이 쌓인다.

무엇보다도 저자가 시편을 대하는 자세는 책의 부록에 나오는 그의 작품 〈시편의 지성〉 5연에서 한층 잘 표현되어 있다. "속된 인간의 언어로 쓴 경건한 언어만이 성령으로 친히 감동된 시편의 지성이다"라는 대목을 말한다.

(2) 본서에 일관되게 나오는 키 워드는 제의祭儀와 이와 연계하여 나오는 말들이다: 곧 제의적 정황, 제의와 공동체, 제의와 신앙심(경건), 제의적 영역, 제의적 전승, 제의 시(편), 절기와 제의, 제의 중심의 이스라엘, 제의 시 유형, 제의 시편공동체 등이다. 제의라 하니 어렵게 생각하지 말고 구약 시대에 하나님 백성 이스라엘 공동체가 함께 예배드렸다는 것이고, 여기서 이 계기에 하나님의 위대하심을 찬양하고, 탄식하고, 혹은 구원에 감사하고, 직분자(왕, 제사장)를 세우고, 선지자나 제사장이 예언하는 일이 일어났다는 것이다. 저자는 시편의 시공간에서 제의와 신앙심 사이에 교호작용이 일어난다고 보았다. 이에 윤 교수는 개인시詩가 공동체 시로 연합됨을 말하고 있다. 개인의 신앙적 정서 표현과 결합하여 고대 이스라엘의 제의를 가장 잘 완전하고 능력 있게 실현한다. 이것이 시편 텍스트의 주어가 단수와 복수(I _ We)로서 문제의 해결이 된다. 윤 교수가 이 책에서 제의에 대하여 눈여겨 찾아내려는 점은 개인은 공동체, 각자는 공동체의 지체이고 공동체가 우선이라는 점이다. 각 지체는 공동체의 부분이다. 개인은 공동체 안에서 살고 기능을 한다. 각자는 공동체 전체에서 위치를 선점하고 있는 것을 강조하고 지향하는 방향이다. "개인은 오로지 공동체를 구성하는 한 일원으로서 하나님과의 약속과 축복을 공유할 수 있는 것이다"라고 하였다.

저자는 이 공동체가 함께 기도하고 노래하며 찬양하는 오늘의 선교 교회상을 이루고 싶어 하는 것이다.

(3) 윤 교수는 인간 자체가 '시'로서 창조되었다는 시각을 갖고 있다. 나는 우리 인간이 하나님의 '만드신 바'(ποίημα, poiema 엡 2:10)에서 인간이 하나님의 형상대로 피조된 사실을 익히 알고 있었지만, 이 헬라어에서 영어 'poem'이 유래된 인상을 받게 된다. 인간 존재 자체가 시(적)라는 말을 한다고 해서 잘못된 것은 아니리라. 어쨌든 지·정·의를 가진 인간이 모든 상황에 대하여 자신의 사상이며 감정과 생각 그리고 의지를 표출하는 것은 자연스럽다. 그것도 율법서나 선지서에서의 기록같이 "여호와께서 가라사대" 하고서는 순종을 요구하는 구조였다고 하면, 시(詩)에서는 인간 편에서 하나님을 의지하며 접근하는 태도이다.

육성체계 모든 구조를 동원하여 노래하고 찬양한다. 윤 교수는 이런 시적 감정을 '형상화'하는 과정으로서 설명하려는 데 시인된 전문성이 여러 지면에서 나타난다. 특히 6장의 〈시편의 효용 – 시편의 선교와 메시지의 표현〉에서 더욱 그렇다. 이러한 전개과정에서 성령의 도우심과 정통신학이 필요하다고 보는 것이 윤 교수의 강점이다.

따라서 그가 표방하는 신학의 정점이 놀라운 기적으로 다가온다. 우리 인생의 고난과 더불어 감사와 찬양으로 하나님께 올리는 기도는 '그리스도와 함께' 올리고 있다는 것이다. "그리스도는 이스라엘 백성이 당하는 어떤 불행이나 질병, 고통에도 익숙한 분이시며 백성들 가운데서 공동체의 입을 통해 기도하고 계신다"는 비범한 인지와 함께 "하나님께서 시편을 채우는 기자들의 감정에 친히 관여하시는 성령의 역사"를 굳게 믿고 있다. 이와 더불어 그의 신앙은 독자들 입장에 서서 "시편 독자들은 이러한 계시의 내용들을 하나님이 우리에게 하시는 말씀으로 읽게 된다… 시편은 단지 사람이 하나님께 올리는 말이 아니라, 여호와 하나님이 성도들에게 주시는 메시지가 되는 것이다"라고 하는 기적 같은 판단을 한다.

(4) 본서를 읽을 때 시편 150 편 전체는 물론이거니와 전 구약에 대한 깊은 이해를 돕는다는 것이다. 시편 자체가 하나님의 크신 구속사를 노래하고 예언하기에 모세 오경도 선지서도 이해하는 유익을 얻게 한다. 몇 가지 실례를 들면;

a) 시편의 공동체적 영성을 섭렵하기 위해 사사기 17-21장의 배경을 깔끔하게 해설한다.

b) 시편의 색깔과 심화에 나오는 해석은 우리가 성경을 읽었지만, 예사로 넘어갔던 천지창조의 색깔과 성막(그 윗덮개)과 에봇의 색감에 대한 설명은 정말 "우리 눈을 시리게" 할 정도로 깊고 오묘하다. 터키의 문호 파묵(O. Pamuk)이 『내 이름은 빨강』이라는 소설로 2006년 노벨 문학상을 수상했다고 하는데, 우리 주님은 이사야서 1장 18절의 초청으로 말미암아 세상의 죄, 즉 빨간 색감이 속죄의 흰 것으로 변하는 기적이 일어났던 것이다. 이렇게 유대인의 3절기 때마다 어린 양의 목에서 흐르는 붉은 피는 앞으로 올 메시아 어린 양을 고대하기에 걸맞은 시편들을 노래한 것이다. 그러므로 시편 연구에 있어 다른 성경 구절들을 살펴봄은 시편 이해를 한층 북돋우기 위한 것이 확실하다.

c) 시온의 전래를 이야기 할 때에도 구약의 역사서들이 설명되고 있다. 다시 말하면, 시편이야 말로 성경 전체의 신학을 함축한다고 믿게 된다.

다음으로 시편의 신학사상 면에서 저자의 주안점을 살펴 볼 차례이다. 앞서 언급한 시편의 표현과 이미지와 운율(III장), 문학적 유형(IV장)은 시편의 신학사상(V장)을 고찰하기 위한 예비라고 봄이 알맞고 저자의 주안점이기도 하다. 책의 절반을 할애한 채 저자는 시편의 교의적 주제; 이스라엘의 신관, 인간관, 인죄론, 구원론, 성전관, 시오니즘, 그리고 내세관을 해설한다. 기독교 교의학을 시편을 통해 보고 있다고 해도 과언이 아니다.

■ **신론**: "하늘에서는 주 외에 누가 내게 있으리요 땅에서는 주밖에 나의 사모할 자 없나이다"(시 73:25). 하나님은 인간과 합일할 수 없으신 분이시지만 유일신 여호와 하나님으로서(시 86, 96편) 인간에게 찾아 오셔서 임재하시고 언약을 맺으시고 구약에는 성전에서, 오늘날에는 성전 된 우리들 안에 거하신다(시 22, 89, 132편). 이 성소에 들어갈 수 있는 자는 율법에 흠이 없는 완전한 자(tamim)라야 한다. 그런 자가 찾아오신 그 분에게 제사장은 의의 옷을 입고 "들어가소서"라고 청하고(시 132:8). 택하심을 받아 주의 뜰에 거하게 된 자는(시 65:4) 주의 인자(hesed)에 근거하여 진작 '분깃'되신 주님과 생명의 축제를 누리게 된다(시 16:10-11, 73:26-28). 그러나 어이할꼬? 구약 율법은 그림자요 실상이 아니시니, 우리의 죄 문제까지 해결 못한다 하니 시편에 노래하는 자는 앞으로 오실 완전한 그리스도를 바라보며 사후 세계에서의 그리스도를 바라보는 것이다(시 16:10-11, 49:15 등).

■ **인간론**: 시편이 표현하는 삶의 현장에서 인간을 다루다 보니 조직신학적인 순서가 아니라 고난당하고 있는 인간을 본다. 환경(기후 토양 등)에 영향 받고, 민족의 수난사에 동반되며 믿음 때문에 고난 받는 등, 생명의 위협을 느끼는 인간은 "낙심하며 불안해" 하는 것이다(시 42:5, 11). 윤 교수는 인간이 당하는 이 고난 가운데서 하나님 백성이 가장 어려운 것은 하나님이 침묵하시고 아무런 대답을 하지 않을 경우에서도 "하나님 외에는 의지하고 믿을 대상이 없다는 신뢰에의 충혈된 혈관이 파열된다"고 하는 길에 선다. 여기서 바로 하나님의 진실(emuna), 인자(hesed 혹은 ahab)와 간섭에 의지하면서 노래하고 기도하고 찬양하고 기뻐하며 감사하는 것이다. 그러면서 윤 교수는 인간의 죄악상을 적나라하게 별도로 취급하고 있다.

■ **구원론**: 하나님은 왕권통치로 구원하신다. "공의와 공평의 왕이신 여호와께서(시 97:2) 성도들의 영혼을 익인의 손에서 건지시며(시 97:10) 그의 구원을 땅까지 알게 하신다"(시 98:2-3). 결국 "왕 되신 예수 그리스도가 성육신하여 사람을 죄와 마귀의 권세에서 구원하시러 오신 것과, 그가 영광 중에 재림하셔서 영원한 나라를 건설하심으로써 완성된다"(시 96:10-11, 13).

■ **성전관**: 예루살렘 곧 시온을 중심으로 하여 제의가 이루어졌다. 이곳에는 법궤가 있는 곳이니 하나님의 임재 장소이다. 이 법궤가 사라지고 성전이 파괴된 후에도 예루살렘은 영원한 시온 산성의 상징으로 남아있게 된다. 그 견고성(하나님 임재)을 시온의 노래로서 찬양한다. 대표적 시는 46, 48, 76, 87, 118, 122, 132편이다. 시온의 축제가 이루어지는 이유는 시온이 선택 받음에 대하여 축제라고 할 때에는 "나의 영원히 쉴 곳"(시 132:13-14) 이기 때문이다. 시온은

하늘 보좌의 상징이다. 성소는 하나님이 거처하시는 곳으로서 단순히 땅에 속한 장소가 아닌 하늘에 속한 영역이다(시 11:4; 24:7-10). 성전에서는 하늘과 땅의 구분이 철폐된다(사 6:1). 그러므로 시온은 온 우주의 중심이다. 이 도성을 가리켜 난공불락이라 부름은 여호와가 그 가운데 계시기 때문이다(시 46:5, 48:3). 그러기에 이스라엘의 피난처가 되신다.

■ **내세관**: 스올은 현세의 온갖 위험, 두려움, 불안 등에서부터 구원만이 아니라 사후에 악인은 징벌을 받는다(시 9:17, 31:17, 55:15). 믿는 자는 죽은 자들에게서 부활을 뜻한다(시 16, 17, 49, 73편). 사망이 여호와께 복종하는 그런 전능한 하나님이시다. "하나님은 우리에게 구원의 하나님이시라 사망에서 피함이 주 여호와께로 말미암는다"(시 68:20). 윤 교수는 시 150편 전체 중 18편이 직간접으로 악인과 관련하여 저주를 말하는 것에 특별히 연구하였다. 저주의 시편을 어떻게 이해할 것인가? 하는 문제이다. 현대 크리스천은 이 저주의 문제를 어떻게 이해할 것인가에 관한 그의 4가지 방향설정은 돋보인다.

마지막으로, 본서의 제 6장에서는 〈시편의 효용〉에 대하여 말하고 있다. 신약의 계시록에 등장한 나라(ἔθνος nation), 족속(φυλή tribe), 백성(λαός people), 언어(γλῶσσα language) – 백성이 모여 하나님께 찬양을 드리는데(계 5:9, 7:9) 시편은 그리스도 오시기 일천 년 전에 벌써 이런 비전을 갖고 있었다(시 9, 47:2, 86:9, 96, 100:1, 102:15 등). 아브라함의 축복을 받은 이스라엘 백성들은 모세 시대로부터 시편을 예배시간에 사용하여 제의적 공동체 의식을 가졌다. 윤 교수는 이런 공동체적 시편의 성격을 오늘날 교회가 얼마나 의식하고 있으며 활용하고 있는지를 반문한다.

그리고 저자는 설교자가 시편을 어떤 마음으로 설교해야 하는가의 문제도 터치한다. 우선 예수께서 구약 어느 책 보다 '시편을 자주 사용'하였다는 것과 시편은 실제 우리들 삶의 자리에서 나온 것이기에 설교자에게 '놀라운 광맥' 을 주고 있으며 곡조(lyrics)를 갖고 있음에 유의해야 할 일이다. 요컨대 윤 교수는 이런 시편 "노래들이 성령으로 내재해 있기 때문에 같은 정황에 처하거나 감정을 느끼는 독자 모두에게 하나님이 말씀하신다"고 주장하고, "그런 까닭에 시편을 설교하고 또 정기적으로 묵상하도록 교회 교회공동체 안에서도 독려해야 마땅하다"고 이 책을 쓴 목적을 절규한다. 학자들마다 시편 정황을 분류하여 귀속하는 것이 다르다. 윤 교수는 시편의 신학사상에서 8분류의 정황을 해석하였다. 이에 독자들은 이 분류에 따라 여러 정황에 따라 기도하고 노래함이 합당할 것이다. 독자들이 친히 시편과 함께 함으로 창조도, 타락도, 여주동행도, 구원자 예수 그리스도도, 세계선교의 큰 비전도 생기며 하나님이 왕권으로 통치하는 새 창조의 역사가 지금 여기서 일어나고 있는 것이 아니겠는가!

추천자의 결어

1

어느 학문이든지 마찬가지이지만 시편에 대해서는 유별나게 비평가들의 칼날이 더 매서운 것 같다. 윤 교수는 이런 가시와도 같은 지저분한 습지濕地를 성경과 논리로 뚫고 나와서는 정당하게 평가하면서 끝까지 인간 서정의 시편을 성령이 역사한 하나님의 말씀임을 옹호하며 노래한다. 또한 설교자에게 권면하는 자세에, 나는 그것이 존경스럽고 고맙다고 전한다. 인간 삶에서 나온 "단순한 인간의 말이 아니고 시편은 하나님 말씀이다"라는 위대한 진리를 장구한 세월을 통하여 나온 시인의 고백이기에 정금같이 귀하다.

2

세상에 아무리 유명한 시인이며 시라할지라도 성령으로 감동한 시편만한 유기적 저작이 어디에 있겠는가? 그런데 윤 교수는 세상의 문학적 서정(어휘, 표현, 이미지, 운율, 리듬, 형상화 등)을 잘 이해하고 또 통찰한 후에, 이 보다 뛰어넘는 시편 전체를 50년 동안의 시간에 걸쳐 시편을 가까이 묵상하고 연구하였다는 점이다. 그것이 시편을 장르 별로 잘 나누고 있는 데서 증명되었다. 그리고 윤 교수가 보다 심혈을 기울인 것은 시편의 신학사상을 잘 표현하여 진술했다는 점에서 다른 이의 시편 저작보다 돋보인다는 신뢰가 이루어진다. 교리서적 못지않다.

3

이 책을 강하게 추천하는 이유는 앞으로 지도자들이 될 차세대들에게 본서의 내용을 듣는 기회가 주어지기를 간절히 바람에서다. 물론 이 책이 나오기 전에도 저자는 강의를 했을 것이다. 다만 세계적 시문학의 정체를 언급하면서도, 여기에선 하나님의 영감된 구속사를 웅변하고 있기 때문이다. 신학도들과 교회공동체의 성도들은 이 책을 기반으로 하여 앞으로 시편 연구를 더욱 펼쳐 나가기 바란다. 하나라도 잘 습득하고 전진하면 영적 세계를 향해 더욱 눈이 열린다. 그런 점에서 이 책이 안성맞춤이다. 나아가 교회의 성도들도 이렇게 어려운 팬데믹 힘든 시절에 위로 받기를 원하는 자들이 얼마나 많겠나! 본서 자체가 얼마나 짜임새 있게 전개되기에 장르마다 그리고 그것을 넘는 신학사상을 윤 교수가 펼칠 때마다 나온 시편의 구절句節들을 읊조리며 묵상할 때 많은 격려와 힘이 생길 것이다.

4

바라건대 이 책을 습득하여 여러분 개인이나 교회가 사용하고 오늘날 공동체적 고백과 노래가 되기를 추천자는 원한다. 사실 개혁교회 무리들 중에는 시편만 노래하는 교회도 있는 바이다. 이러므로 시편이 생활이 되고 노래가 되고 교리가 되는 데 있어서 저자 역시 이런 같은 심정일 것이다.

2022. L. A.에서 박종칠 목사
고신·고려신학대학원 교수 은퇴

：일러두기 ：

1. 히브리어 성경 원문(BHK. 7. Aufl. 1951)의 장절 표시

   Kittel.(ed.) Biblia Hebraica

   NIV. New International Version

   TEB. Today's English Version

   Rahlfs.(ed.) Septuaginta(Lxx)

   한글개역개정

2. 히브리어를 제시해야 할 경우 괄호 안에 원어와 음역 번역

3. 방점은 주요 주제와 필요에 의해 예문 위에 표기

4. 원래의 교수논문에 게재되어 있던 각주를 본서의 편집시 생략

   대신 시편 독자들을 위해 상당부분에 풀어서 서술

5. 각 단원이 끝난 후 종합 결론을 실음

6. [부록]으로 오늘의 교회공동체를 위해서 시편의 효용을 부기함

   2019년 상록수문학 기독교평론부문 신춘당선을 실음

7. 본서는 소명교회(꽃마을)의 협력으로 출간되었음

/ 서언 /

1

시편은 예배하는 이스라엘 공동체의 기록이다. 이스라엘 백성들을 구원하는 제의 신학의 가치(신앙공동체)를 높이 칭송해왔다. 동시에 시편은 히브리인의 탁월한 문학성으로 인해 시대마다 독자들에게 사랑을 받는다. 시편 속에는 히브리인 특유의 운문을 지닌 우수한 영성이 용해되어 있는가 하면 교의 신학의 총체적인 범위를 요약해 준다.

그러면서도 그 어떠한 상자에도 다 가두어 담을 수 없는 광범위한 민족 정서를 표현하고 있다. 내 나라 한국에 있는 교회들은 이해와 공감이 비교적 쉬운 시편을 가려내어 편향된 교독문을 발전시켰으며, 그나마 성문서 가운데서도 시편 신앙의 일상화에 공헌해 온 것이 사실이다. 오늘엔 시편 신앙의 연구와 묵상 혹은 시편 묵상과 학문적 연구가 정교해지고 있다. 특히 팬데믹 사태의 코로나 재난이 몰고 온 세계 교회의 예배적 상심은 이루 헤아릴 수 없을 만큼 크다. 살점이 떨어져 뼈까지 드러난 속 깊은 상처를 어떻게 다시 조성하며 변화해 갈 것인가?

주께서 원하시는 제사는 상한 심령이다. 마음이 상한 자를 가까이 하시며 상심한 자를 고치신다. 주께서는 의롭고도 온전한 번제를 기뻐하신다고 시편 저자는 기록하였다(시 51:17~19). 하나님의 은혜가 아니면 어떻게 온전한 예배를 드릴 수 있을까. 진실한 마음에서 우러나는 올바른 동기로써 드리는 예배를 말한다.

> 여호와는 마음이 상한 자를 가까이 하시고
> 중심으로 통회하는 자를 구원하시는도다 (시 34:18)

여기 문은 있지만 좁은 문이다. 길은 있지만 험한 길이다. 이에 필자는 시편에서 그 길을 찾는다. 시편 안에는 창조와 구원의 주님께 예배하는 기도의 신심과 감사로부터 의로운 생명에 이르기까지 4중주의 길이 활짝 열려있지 않은가! 이스라엘 공동체의 가장 깊은 좌절에서 고통을 통과하며 순례하는 동안 하나님과 교제하는 최상의 기쁜 자리를 섭렵하고자 한다.

첫째, 삶의 자리에서 찾는 기도의 길이 있다.

> 나의 기도가 주의 앞에 분향함과 같이 되며
> 나의 손드는 것이 저녁 제사 같이 되게 하소서 (시 141:2)

성소에서 분향한다는 것은 곧 제사하는 삶으로 기도를 비유하였다. 예배는 성소에서의 헌신인 것이다.

> 주께서… 제사와 예물을 기뻐하지 아니하시며

번제와 속죄제를 요구하지 아니하신다 하신지라

그 때에 내가 말하기를 내가 왔나이다

나를 가리켜 기록한 것이 두루마리 책에 있나이다

나의 하나님이여 내가 주의 뜻 행하기를 즐기오니

주의 법이 나의 심중에 있나이다 하였나이다 (시 40:6~8)

시편은 성경의 고유한 목적인 하나님의 구원 계획을 성취하고 있다. 이는 이스라엘 백성의 구속사에 빠뜨릴 수 없는 심장과도 같다. 시편 독자들이 믿음의 선물을 갖고 있다면, 모두 언약의 백성이다. 언약의 성도들은 빠짐없이 시편에서 하늘로 가는 사닥다리를 발견하길 기원드린다.

둘째, 삶의 자리에서 찾는 찬양의 길이 있다. 대부분의 시편은 예배를 드릴 때 찬송으로 부르려고 지어졌다. 시편의 히브리어 이름은 '세페르 테힐림'(סֵפֶר תְּהִלִּים)으로 「찬양들의 책」이라는 뜻이다. 또한 헬라어 '살모이'(Ψαλμοι)는 현악기에 맞추어 부른 노래들에서 유래되었다. 찬양시는 이스라엘 공동체(시 115편)나 개인의 찬양(시 8편)에서 드러남 같이 오직 이스라엘의 하나님을 향한 신실한 믿음의 표현이다. 따라서 시온을 찬양하는 모든 시편은 하나님의 거룩한 성소인 예루살렘을 찬양하는 것까지 포함한다.

여호와여 영광을 우리에게 돌리지 마옵소서

우리에게 돌리지 마옵소서

오직 주는 인자하시고 진실하시므로

주의 이름에만 영광을 돌리소서

우리는 이제부터 영원까지 여호와를
송축하리로다 할렐루야 (시 115:1, 18)

여호와 우리 주여 주의 이름이
온 땅에 어찌 그리 아름다운지요
주의 영광이 하늘을 덮었나이다
여호와 우리 주여 주의 이름이
온 땅에 어찌 그리 아름다운지요 (시 8:1, 9)

주께 힘을 얻고 그 마음에 시온의
대로가 있는 자는 복이 있나이다 (시 84:5)

한 시내가 있어 나뉘어 흘러 하나님의 성
곧 지존하신 이의 성소를 기쁘게 하도다
만군의 여호와께서 우리와 함께 하시니
야곱의 하나님은 우리의 피난처시로다 (시 46:4, 11)

수많은 강해들과 설교들이 답습되고 있다. 시편을 묵상하면 할수록 하나님의
구원 계획과 구속사에서 예배를 위한 새로운 문을 열어줄 것이다. 좁은 문으로
들어가 삶의 자리가 변화되는 새로운 문을 마주해야 한다.

셋째, 삶의 자리에서 찾는 감사의 길이 있다.

내가 전심으로 여호와께 감사하오며

주의 모든 기이한 일들을 전하리이다 (시 9:1)

주여 내가 만민 중에서 주께 감사하오며

뭇 나라 중에서 주를 찬송하리이다 (시 57:9)

시편이 예배를 이끌며 시편이 예배의 중심이 된다는 말을 듣는다. 과연 시편엔 예배자의 신앙의 자리와 인격과 지성과 감성을 대변하는 현장들로 즐비하다. 시편 저자는 감사함으로써 "주는 그리스도시요 살아 계신 하나님의 아들이시니이다"고 고백했던 시몬 베드로의 신앙을 목동 다윗은 그 보다 천년을 앞서 고백할 수 있었다. 감사의 기록은 어느 시대 어느 독자에게도 하나님께 올리는 필연적인 고백이다. 이것이 곧 새 노래인 것이다.

넷째, 삶의 자리에서 의로운 생명의 길이 열려있다. 시편은 본질적으로 주님의 교훈을 담고서 의로운 교육을 하려는 데 그 목적이 있다.

우리가 이를 그들의 자손에게 숨기지 아니하고

여호와의 영예와 그의 능력과 그가 행하신 기이한 사적을

후대에 전하리로다 (시 78:4)

시편 저자의 역사 회고는 연대기를 추구하지 않으면서도 하나님께서 행하신 구원의 역사 곧 구속사의 흐름을 세밀하게 배치시킨다. 연과 행이 뚜렷하게 규칙적으로 구분되지는 않으나 주요 부분은 산문처럼 단락으로 연결하여 작시되

었다. 기록의 힘이다. 때로는 탄력이 있고 활기찬 히브리어 문법에 맞춰 화려한
음성률과 비유들이 돋보이는 이미지들로 풍부하게 표현하였다.

> 정직하게 행하며 공의를 실천하며 그의 마음에 진실을 말하며
> 그의 눈은 망령된 자를 멸시하며 여호와를 두려워하는 자들을 존대하며
> 그의 마음에 서원한 것은 해로울지라도 변하지 아니하며 (시 15:2, 4)

> 하나님이여 주의 인자하심이 어찌 그리 보배로우신지요
> 사람들이 주의 날개 그늘 아래에 피하나이다
> 진실로 생명의 원천이 주께 있사오니
> 주의 빛 안에서 우리가 빛을 보리이다
> 주를 아는 자들에게 주의 인자하심을 계속 베푸시며
> 마음이 정직한 자에게 주의 공의를 베푸소서 (시 36:7, 9~10)

예배자의 의는 대부분 탄원 시편에서 나타나는 대로 시편 저자들의 삶에서
우러나온 개인적인 증거들이다. 그의 의는 타인과 비교하거나 공격하는 것으로
묘사되지 않고 완전한 정직성으로 표현된다. 즉 성도들이 참회한 후의 윤리적
행함과 지혜로운 교훈으로 나타난다.

> 오직 여호와의 율법을 즐거워하여
> 그의 율법을 주야로 묵상하는도다
> 무릇 의인들의 길은 여호와께서 인정하시나
> 악인들의 길은 망하리로다 (시 1:2, 6)

주의 규례들을 항상 사모함으로 내 마음이 상하나이다

내 소유는 이것이니 곧 주의 법도들을 지킨 것이니이다

주의 입의 법이 내게는 천천 금은보다 좋으니이다 (시 119:20, 56, 72)

시편의 묘사는 의인의 성격과 행동에 관한 것으로 모범을 보이며 선포적이다. 이것은 탄식체로 신앙을 고백한다. 제의에 참석하는 예배자는 의인으로서 성전 문을 통과하여 기도하러 들어갈 수 있으며 희생제물을 바칠 수 있었다.

이는 여호와의 문이라 의인들이 그리로 들어가리로다 (시 118:20)

이렇듯 예배자의 의는 하나님으로부터 나온 것이며 하나님에 의해서 인정되는 것이다. "주의 인자하심이 생명보다 나음"(시 63:3)은 만족함과 생명 – 인간의 전 존재를 육체적 영역에서부터 더욱 생명력 있는 하나님의 인자하심으로 옮겨진다는 의미이다.

마침내 시편 36편에선 생명이 하나님의 신비적인 범위에까지 속한 것으로 고백되고 있다. 하나님의 은혜로운 생명에 대한 원대한 범위를 넘어 적나라한 요점은 하나님이 영원한 분깃이 되시는 것이다.

주께서 생명의 길을 내게 보이시리니

주의 앞에는 충만한 기쁨이 있고

주의 오른쪽에는 영원한 즐거움이 있나이다 (시 16:11)

내 육체와 마음은 쇠약하나 하나님은

내 마음의 반석이시오 영원한 분깃이시라 (시 73:26)

하여 필자는 이 책의 제목을 『시편의 표현과 이미지』라 덧붙여 본다. 이러한 4중주 가운데는 이스라엘을 다스리시는 하나님의 심중을 드러내 보여주는 보석함이 열려있다. 모세의 5경에서 하나님 자신을 계시한 무한한 능력과 시편의 신앙공동체가 반응하는 이스라엘의 응답을 추적해 본다. 시편이야말로 땅에서 부른 노래가 하늘로 오르는 응답의 체계이며 삼위일체 하나님 편에선 백성들에게 친히 베푸시는 자비로운 말씀의 영감된 예증이다. 메시아 기대 시편에선 4중주의 완성된 예배가 그의 왕권에 의해 성취된다. 결과적으로 시편 독자들 사이에서 어떠한 반향을 불러일으킬지는 모르나 기록은 힘이라고 믿고 있다.

2

필자가 시편 안에서 다윗을 처음 만났을 때, 그는 나 또래의 소년 목동이었다. 당시 유목민족에 대한 경험이 전혀 낯설었던 나로선 다윗을 향한 이색적인 신비감에 휩싸여 있었으며 그는 선망의 용사였다. 다윗만한 신학자를 구약에서 만난 것이 크나큰 선물이었다. 그때 암송했던 시 23편은 다윗이 청년시절에 쓴 작품인 줄 알고 있었다. 다윗은 시편과 더불어 점차 성장했으며 나의 신앙과 신학사상 역시 성숙해지기 시작하였다. 나의 연령이 더해 갈수록 다윗 역시 이스라엘의 도도한 역사를 따라 승화되어 가고 있었던 것이다. 아이러니하게도 다윗은 시편 전역에서 호흡하고 있었지만, 내가 점점 변화되어가고 있었던 것일까? 때가 되어 통일 왕국의 왕위에 등극한 다윗은 장차 오실 메시아의 예표가 되었고, 오늘에 다시 음미해 보는 다윗의 시 23편은 분명 청년시절의 작품은 아니었다. 시편 독자들의 상상보다 훨씬 노년에 이르러 작시했던 작품임을 새롭게 깨닫는 것이다.

3

나는 고교 때부터 시편을 영적인 벗으로 삼았었다. 책가방 속에는 언제나 시편이 들어있었다. 한영대조로 편집한 기드온협회 간행 신약전서엔 시편과 잠언이 첨부된 것이었다. 소형 성경은 얇고 가벼워서 휴대하기에 간편했다. SFC(Student For Christ) 시절엔 점심시간에 같은 고교의 SFC 친구들과 교정 뒤에 있는 동산에 올라 점심을 함께 나누며 기도하였다. 기도시간을 마치면 우리는 곧장 중학교(중·고 동교정) 교실로 내려가 문을 열고서 학급마다 돌며 전도하였다. 나는 성경을 들고서 교탁 앞에 섰다. 그리고는 한 구절을 칠판에 정성을 다해 써 놓고는 내가 출석하고 있는 제일교회로 나오라고 초청하였다. 당시엔 주일 오후 2시에 필자가 속한 장로교단(총회) 산하 교회들이 대부분 오후에 모여 학생들만의 예배시간이 진행되었던 것이다. 주옥같은 회상의 편린이요 그리움이다.

시편과 함께 지내온 지 올해로 희년禧年이 지난다. 어디선가 요벨yobel의 양각 나팔소리 들려오는 것만 같다. 덧없이 흘러온 시간들이지만 하나님께 영광을 올려드린다. 이 책이 태어나도록 기도해준 가족, 아내 신환 에스더 그리고 사위 프랑수아 티소와 손주들 에단, 야엘하선에게도 감사의 마음을 보낸다. 배후에서 발문을 써 주신 박종칠 은사님, 지금도 열정을 모으며 구약의 본문을 히브리어로 주석하면서 제자들이 잘되기를 바라시는 분이 계심에 경의를 표한다. 이번에도 본서를 유쾌히 출간해주신 예영커뮤니케이션의 원성삼 사장님에게 사랑의 빚을 지게 된다. 빠트릴 수 없는 감사는 시편 독자들 앞에 이 책을 펴 낼 수 있도록 복합적인 주제들을 살피며 흩어진 원고를 섬세하고 조리 있게 정리해준 대학원생들에도 감사의 마음을 드린다.

2022년 시편과 함께 지내온
Jubilee를 맞이하며

시편 묵상과
산책을 위해

시편은 독자들의 영적 정서를 격려하며 삶의 현장에서 신앙의 도전을 주기에 적합하다. 여기에 기술된 시편의 신학은 언뜻 보면 시편에 무슨 교의사상이 있느냐고 반문할지 모른다. 이스라엘 공동체가 가졌던 시문학의 유형 및 신학사상에 바탕을 둔 두 마리 토끼에 집중하고 있다. 더욱이 코로나19 바이러스 감염시대가 줄어들지 않는 형국에서 가정으로 돌아간 개인 디아스포라 시대에 성도들은 어떻게 예배하면 좋을까?

이 책은 시편 연구에 있어 어떤 아카데믹한 동기를 부여하려고 발간하는 학술서가 아니다. 그럼에도 불구하고 가정에서 예배하는 세대가 증가하는 시점에 이스라엘 공동체의 제의적 정황을 전혀 나 몰라라 할 수 없는 시국이다. 나는 여기 시편의 말씀들을 이 시기에 예배하는 예배자의 대안으로 내어놓기를 주저하지 않는다. 그것은 필자가 이 서적을 완벽하게 편집해서가 아니다. 매 주일마다 교회당 안에서 모임의 교제가 발전 성장해온 교회의 현실이 안팎으로 불어 닥치는 환경에 의해 삶의 파도는 신앙 면에서 크게 손실당하고 있기 때문이다. 현재의 정황은 결코 축복일 수 없다. 그중에는 극소수이지만 지금의 위협적인 사태를 두고서 〈한국 교회의 축복이다〉라고 설교하는 이들도 있기 마련이지만, 축복이기보다는 자타가 경험하는 시련이다. 설령 축복이 된다면 그것은 이런 환경에서 얻을 수 있는 나름의 개인화된 축복일 것이며, 그 당사자에게 복이 돌아갈 수 있겠다. 그렇다고 해서 한국에 있는 교회에다 축복이라는 통합적인 겉옷을 입혀서는 아니 될 것이다.

필자는 우리 시대의 날렵하고도 아름다운 시들을 통해 시편 독자들 각자의 삶의 자리를 정돈하는 동시에 그 자리로 초대하고 싶다. 나는 시편을 통한 새로운 희망이 존재한다고 믿는다. 시편이야말로 성경 가운데서도 개인 저자의 통찰과 신적인 임재가 한데 모여 말씀의 자원을 풍부하게 드러내며 그리스도인들에게 예배자의 자세를 공급해 주고 있다. 시편을 향해 개혁자 마틴 루터는 '자신을 비추는 깨끗한 거울'이라 말했으며, 존 칼빈은 '영혼의 해부이자 성경 중의 성경'이라고 묘사했다.

옛 이스라엘의 공동체이자 개인 신심으로서의 힘을 이 근사한 책에서 발견할 수 있다. 시편을 해석하며 감동의 양식으로 삼고서 지혜를 얻는다면 무엇이 더 부럽겠는가. 우리들은 교회와 가정에 경이로운 찬양집을 가지고 있다. 이것은 신앙의 세계관과 기쁨을 회복하는 선언서이기도 하다. 비록 현실적인 장소에의 성도 간 교제를 유보하고 있지만, 이는 우리의 의지가 아니다.

바라건대 이스라엘 공동체가 천년을 하루같이 노래해왔던 시편 전통에서 영감을 얻으며, 부흥을 체험하는 교회생활이 될 수 있는 시편이기를 소원한다. 예수 그리스도는 복음서에서 시편을 통해 기도하셨고, 사도 바울은 초대교회의 기도서로서 활용하며 시편으로 간구하기를 주저하지 않았다. 이렇듯 구약 성도들이 편만하게 누렸던 원래 예배의 광맥을 찾으며 보다 향기 날리는 현실예배가 실현되길 바라마지 않는다.

저자 윤춘식

I

서론
연구사

The Expression & Images of the Psalms

　본서의 주제, 시편의 표현과 이미지에 이르는 제유형 및 신학사상을 취급하기 전에 세 가지 예비적인 문제가 토의되어져야 한다. 먼저 시편의 연구사적을 살펴보고자 한다. 이어서 제의 시편을 선정함에 그 범주를 가정해야 하며 이스라엘 예배공동체와의 관계를 탐구해 보아야 한다. 그런 후 제의 속에 나타난 신학사상을 규명해 나아가야 할 것이다. 언뜻 보면 두 가지 주제를 가지고 있는 것처럼 보이나 유형 분류는 시편사상을 산책하는 길잡이 역할을 담당했고 어디까지나 교의적 주제에 더 비중을 두었다. 나아가 결론에 이르면 시편 활용에 대한 방안을 모색 제시해 보았다. 오늘날 교회 정황에서 볼 때 시편 예배의 신앙심이 얼마나 우리의 경건생활과 예배의식에 있어 각성제 역할을 하고 있는지를 살펴보고자 함이다.

1. 연구사 개관

시편의 제의적 유형분류에 우선적으로 영향을 미친 구약 학자는 독일의 궁켈(Hermann Gunkel)과 스칸디나비아 구약 연구학교 설립자인 모빙켈(Sigmund Mowinckel)이다. 궁켈 이전까지의 시편 연구는 다윗 자신의 생애와 이스라엘을 향한 하나님의 구속사적 사건을 반영시켜 온 것으로 인식되어져 왔다. 그런데 궁켈에 이르러 시편의 유형을 분류하는 학문적 기틀이 최초로 이루어졌고 각기 시편은 형식과 내용에서 그들 특유의 형태를 지니고 있다는 점을 착안해 내었다. 궁켈은 이러한 유형이 그 원초적 기능을 가지고 있음을 이해하고, 이것을 성전 예배의 특정한 의식(희생제)과 결부시켰던 것이다. 그리고 이러한 시편들이 개인에 의해 작시되어졌으나 정규적 성전 제의 때 공동으로 사용했으며 「삶의 자리」(Sitz im Leben)를 통한 기록들이라고 주장하게 되었다.

사실 궁켈은 19세기 말에 독일 신학계를 좌우하던 「종교사학파」(die religionsgeshichtliche Schule)와 그 후 만연된 「양식사 비판」(die formengeshichtliche kritik)을 제시하고 일어나 정통신학을 비평하였던 본인이다. 오늘날 독자들 중의 일부는 그들을 가리켜 메스를 함부로 사용하는 뱀이나 전갈처럼 생각하기도 한다. 그러나 『시편 저자의 신앙』(The Faith of the Psalms)을 저술한 헬머 링그렌(Helmer Ringgren)은 덧붙이기를 그들의 추종자들은 당시 북유럽 신학의 사상적인 패션과 시대가 그들에게 이런 방면의 개척자가 되도록 내세웠다고 비호한다. 링그렌은 스칸디나비아학파의 장학금으로 구약을 연구했던 석학으로 기억된다. 그는 스웨덴 웁살라대학에서 교육받았으며 핀란드의 투르쿠대학에서 가르쳤다. 이 저술에 즈음하여 1963년 런던에서 국제학술토론회를 개최했는데 당시 그 요약문은 의미심장하다. "구약의 어느 부분도 시편보다 더 많이 인용되지 않았으며 신학자들이 이보다 더 많이 명석하게 조명한 부분도 없을 것이다"라고 역설하였다. 당시 참관자들은 그를 가리켜 이해하기 쉬운 방식으로 학술토론회를 이끌었다고 술회하였다. 궁켈 이후 제의적 해석이 점차 강하게 나타나 모빙켈을 비롯한 스칸디나비아학파와 영국의 신화와 의식학파에 의해서 계승되었다.

모빙켈에 이르면 그는 궁켈의 연구 결과로부터 시작한다. 그는 시편의 기능에 있어 보다 영적인 면에 밀착해 갔으나 바벨론 및 근동신화를 도입하여 희생제와는 다른 소위 '대관식 축제'에 대한 학설로 하나의 시도를 꾀해 보았다. 그는 시편이 사용되었던 시기를 밝히는 가설을 세우는 한편, 현존하는 시가는 모두 축제를 위해 만들어졌다고 보는 것이다. 이로써 이스라엘은 추분 경에 이르러 대신년축제가 있었는데 그때 우주의 왕으로서 여호와의 즉위식이 예루살렘 성전에서 기념되었다고 주장한다.

이러한 모빙켈의 학설은 그 후 주석가들에 의해 '대관식 축제'를 바벨론과 고대 가나안의 신년제와 연결시킴으로써 그의 제의설은 더욱 발전되었다. 물론 구약엔 대관식에 대한 직접적인 언급은 없으나 모빙켈은 그 축제가 포로귀환 이후에는 거행되지 않았다는 것을 전제하기 때문에 교묘히 논쟁을 피할 수 있었다. 그러나 역사를 통해 이러한 축제의 암시들이 있다고 해서 그의 이론을 전적으로 수락하기엔 극히 소수의 시편이 뒷받침할 뿐이다. 그 이후 궁켈과 모빙켈의 유형 연구는 관심자들의 비판과 수정이 빗발치듯하였다. 독일의 주석학자 아더 바이저(Artur Weiser)는 모빙켈이 대관식 축제라고 명한 것을 오히려 '계약갱신'이라는 용어를 택하여 언약체결과 율법(수 24:15; 왕하 23:1~3 참고)을 지킬 의무를 재정립하는데 관심을 두었다. 그러나 이러한 계약갱신의 의미가 날이 갈수록 불완전한 것으로 대두되자 클라우스 베스터만(Claus Westermann)은 「삶의 자리」를 비판하여 시편은 종교 의식적이거나 문학적 단위가 아니라, 인간이 하나님께 간구하는 가장 근본적 표현임을 천명하였다.

베스터만은 문학적 장르에 반발하여 새로운 해석법을 전개시킨다. 즉, 백성을 향한 하나님의 간섭에 대한 시편을 선포형식의 찬미(시 18, 30, 40편 등)라고 했으며, 하나님의 존재와 역사에 대한 시편을 기록형식의 찬미(시 33, 113편 등)라고 불렀다. 그는 애굽과 바벨론의 시를 비교 분석하여 구약 시문의 독특성과 민족적 자발성(탄식과 감사)을 주장함으로써 이스라엘 신앙의 근거를 찾는 업적을 남겼다.

다른 독일 학자 크라우스(Hans-Joachim Kraus)는 모빙켈의 학설을 더욱 혹독히 비판하였다. 그는 모빙켈이 지나치게 함축적으로 대관시의 범주를 확정한데 대해 논쟁한다. 그는 시편 47, 93, 97~99편 등이 이 그룹에 한정된다고 밝히며, 실제의 대관식 축제는 구약에 결코 언급되어 있지 않음을 강조한다. 더욱이 하나님의 현현과 땅의 흔들림(시

96:9, 99:1)을 제의에서 극화한다는 것은 불가능하다고 보았다. 한편 왕권 시편은 바벨론 포로 이후의 기록으로서 종말론적 성격이 있음을 지적했다(사 40~66장, 소위 제2이사야 문서와 동일한 성격이 있다고 봄).

그 외에도 독일의 구약학 교수이며 히브리어 문헌학자인 고트프리트 쿠엘(Gottfried Quell)이 있다. 그는 각 시편의 제의적 여부를 확실하게 결정한다는 것이 얼마나 어려운 일인가를 제안한다. 시편의 상투적인 문구가 원래 제의적 영역에 속했던 것이지만, 그것이 비제의적인 문맥에서도 사용되어지고 있음을 창안하여 시편은 오직 공동체적 사고에 기인된 것임을 강조한다. 더욱이 제의와 신앙심(경건)을 엄격히 구분하여 제의는 경건보다 의례에 치중하기 때문에 그 본질적 차이가 있다고 선언하였다. 필자의 견해로는 그의 이러한 사상이 궁켈로부터 한결같이 나루어온 종교적 삶의 자리를 경건과 제의를 분류함으로써 그 자리의 본질을 캐 보려고 시도한 데서 전개된 것이라 하겠다.

종합적으로 지금까지의 연구사에 중추적인 제론을 제공한 링그렌(H. Ringgren) 자신을 보자, 링그렌은 쿠엘을 거부하며 경건과 제의를 동일시한다. 왜냐하면 시편 저자들이 제의에서 표현되는 경건을 분석하여 ① 제의 중심 ② 공동체 친교 ③ 하나님 중심의 신앙을 산출해 내었기 때문이다.

2. 종합과 비평

시편 독자들이 궁켈이나 모빙켈의 문학적 유형연구를 무조건 부정한다고 해도 시편 자체는 손상을 입지 않는다. 다만 궁켈의 공헌이라한다면 구약성경에서 문학유형상 공통점을 찾아 시편의 형태로 인한 그 자체의 연대 측정을 할 수 있다는 기이한 학설을 제공하여 시편 대부분의 유형이 포로시대 이전의 것임을 밝혔다는 점이다. 이 사실의 증거는 1929년 봄, '라스 삼라'(Ras Shamra) 교외의 우가리트 유적지에서 토판문서가 발견되어 구약 이외의 자료에서도 어휘, 형식, 사상에 있어 히브리 시와 공통된 것이 많다는 연구에서 입증되었다. 그렇다고 시편 신학의 정수를 확립했다고는 말할 수 없다. 사실 '여호와 가라사대'와 '여호와 이르시되'를 분류해 놓은 격식밖에는 되지 않으며, 각 시편의 문학 양식과 주제 표출을 위하여 귀납적 연구 방법을 너무 남용하고 있음을 평할 수 있겠다.

모빙켈은 시편의 개인적인 성격을 전혀 부정하는가 하면, 그 저작 시기를 거의 포로기 이후로 추정한다. 그는 바벨론의 마르둑(Marduk) 신화와 시편의 왕권(대관)시를 연결시켜 바벨론적 축제를 연상하는데, 이는 그의 시편 연구가 유추 현상을 피할 수 없었던 약점을 대변해 준다. 바이저는 여호수아서 24장을 계약갱신으로 취급하여 시편 모든 축제의 근원을 이 계약을 기초로 하여 해석한다. 또한 이방 신화를 도입하여 혼합된 왕권이 계약 형식의 특징을 규정하는 것처럼 보았다. 그러나 오병세 교수에 의하면, 하나님의 왕권 시위는 비이스라엘의 신화와는 전혀 무관한 출애굽 이후 광야생활에서부터 나타났던 것이라 평가한다.

베스터만은 바이저에 반박하여 지나친 의식적 해석을 배제하였고 시편 유형 연구의 새로운 출발점을 제시했다는 데 의의가 있을 뿐이다. 크라우스의 논점도 모빙켈과의 대관시 범주 논쟁이었던바 여호와 현현(Theophany)의 역사는 제의에서 드라마틱하게 연출시킬 수 없다는 주장이었다. 그런데 이들의 논거는 어디까지나 시편내의 형식과 제의적 전승의 문제를 다룬다. 그가 모빙켈의 학설을 평하고 대관식 축제의 구약 본문을 말하면서도 자신이 또한 왕적 시 그룹을 제시하고 종말사상을 언급했다는 것은 구약의 구속사와 이사야 선지자의 신앙을 무시했거나, 아니면 시편의 형태 취급에만 급급했기 때문이다. 또한 쿠엘의 제의와 경건 사이의 기본적인 차이를 가정한다는 것은 너무도 비약된 논리이다.

이상의 연구사에서 볼 때 유형분류 관찰은 집중하게 만드는 하나의 늪과도 같다. 이렇게 유형분류를 주의 깊게 헤쳐 나가면 시편에 나타난 신앙을 하나님 중심으로 풀이하는 링그렌이 비평학자들 중에서는 비교적 정통적 역할을 담당했다고 할 수 있다. 그는 비교종교의 입장에서 이스라엘의 제의시와 바벨론 시를 대조하는 자리에서도 한 점의 오류 없이 근본적인 차이를 해명하며 시편의 관용구와 표현법까지 영감되었음을 의미적절하게 고백하였다. 하지만 링그렌 역시 비평가들의 근원적 양식에서 탈피하지는 못하고 있다.

II

제의시祭儀詩란
무엇인가?

The Expression & Images of the Psalms

The Expression & Images of the Psalms

1. 제의 시편

이것을 한 마디로 단정할 수는 없다. 오히려 여기에 대한 몇 가지 접근을 통해서 가능해진다. 제의 혹은 제사라는 말은 하나님과 직접적인 관계를 맺고 있는 사람들의 모든 행위를 일컫는 말이다. 여호수아 24장에 나타난 세겜 제의는 상당 부분에 이스라엘 제의의 모체가 되어 온 신앙고백으로 이해한다. 그 구성을 보면 다음과 같다.

(1) 제의 중심지로 소집 (수 24:1)

(2) 하나님의 구속사 낭독 (수 24:1~13)

(3) 결단의 촉구와 이방신들의 장례 (수 24:14~24)

(4) 언약 체결과 율례 제정 (수 24:25~26 ; 신 27:15 참고)

(5) 언약 행위에 대한 증언 (수 24:27; 신 27:16~26 축복과 저주)

(6) 해산 (수 24:8)

그런데 이 같은 구조를 갖고서 모든 예배 행위를 동일하게 이해할 수는 없다. 제의에 포함된 영적인 의미까지 파악해 보아야 한다. 첫째, 예배자의 예물이 중요하며, 예물(מִנְחָה minhat 시 76:11, 96:8)은 히브리어에서 제사(시 141:2)와 같이 쓰인다. 둘째, 새 생명을 획득하기 위한 영적 갈구(시 42편)와 셋째, 속죄와 화해(시 23, 51편)가 절대적인 조건이 되는 것이다. 따라서 제의의 기본적 의미는 하나님과 백성 사이의 간격을 극복하고 하나님의 영광을 찬양하여 공동체의 일치를 구하는 것에서 시작된다. 여기서 예배자의 신앙심은 무엇보다 중요하다. 하나님은 그들의 중심을 보고서 예물을 받기도 하고 받지 않기도 했으며(시 40:6, 51:16~17) 축복의 보장도 마찬가지였다. 결국 제의와 신앙심 사이에는 밀접한 교호작용이 성립되어 있으며, 그러한 상호성으로서 제의는 신앙의 표현이었다. 신앙은 또한 제의로부터 향상되며 영양을 섭취한다. 특히 시편 저자들은 성령의 조명을 통해 완전히 영감된 시를 보여줌으로써 심령에 기도하고픈 감동을 부여한다. 허탄한 신화나 이방의 모형을 벗어나고 있어 히브리시체의 독창미도 아울러 공유해준다. 위에서 살펴본 바와 같이 이러한 제반 요소를 가지고 있는 시편을 제의시 그룹에 넣을 수 있는 것이다.

2. 취급 범위 및 방법

제의는 대부분 시편 예배의 근원적인 배경으로 나타난다. 현대 시편 연구에 있어서도 제의적 배경(cultic setting)과 구조와 해석에 큰 관심을 쏟고 있는 것이다. 그중에는 비제의적이라는 견해도 대립되어 왔으나 실제 거의 그렇지 않음을 인정하는 터이다. 구약 학자들 중에는 만일 제의적인 의미가 함축되어 있지 않는 시가가 있다면, 그것의 존재를 부정해야 한다는 데까지 이른다. 1980년대 쿠엘은 제의 시편의 문헌적 배경을 연구하여 시편 전역에서의 제의가 세 그룹으로 나뉜다고 보고한 바 있다.

첫째, 제의 그룹 가운데 총 62편이 뚜렷한(dominated) 제의 사상으로 함축되어 있다고 보았다. 시편 1, 2, 12, 14, 15, 20/21, 24, 29, 33, 44~48, 50, 58, 60, 65, 67, 68, 72, 74, 76, 78~83, 85, 87, 90, 93, 95~100, 102, 105, 107, 110, 112~114, 117, 124~126, 128, 129, 132~136, 147~150편.

둘째, 제의시로서 종교의 감정(sentiments)이 섞여 있는 그룹(kultisch-religiöse mischgruppe)은 75편.

셋째, 제의 시편과는 무관하지만 기본적으로 종교(신앙)의 표현으로 이뤄진 그룹은 모두 13편으로써 6, 19:1~7, 38, 39, 41, 88, 91, 102, 120, 127, 131, 139, 143편(이 중 모빙켈은 127편, 솔로몬의 시만 제의 시편 그룹으로 취급함)을 범위로 한정하였다.

제의시의 가장 유력한 증거로 독일 루터교 정통주의의 거장 에른스트 헹스텐버그(Ernst Wihelm Hengstenberg)는 역대상 16장에서 기인된 시편 106편에 관한한 그 결론이 무엇이든지 최소한 절기 때 성전에서 시편을 노래하는 관습이 있었다고 정의한다. 하지만 진정한 제의시를 시편에서 찾으면 실제 그리 많지 않음을 발견할 수 있다. 최근 보수계 학자들 중 하젤 블록(C. Hassell Bullock)은 독일이 낳은 칼빈주의자 랑게(John Peter Lange)의 주석을 언급하며, 시 30편(성전낙성가: 칼빈은 '왕궁봉헌가'), 38편(기념하게 하는 시, 고난 혹은 하나님을 기억함), 92편(안식일을 위한 노래, 헬라어 70인역(LXX)에서 '창조의 다른 날들을 위한 노래'), 100편(감사시), 120~134편(성전에 오르는 노래: 시르 함마알로트) 이렇게 한정했다. 그러므로 시 30편과 38편이 들어있는 I권(1~41편)과 92편과 100편 그리고 순례시로 지칭하는 120~134편이 모두 포함된 IV~V권(90~150편)을 제의시로 한정하는 한편 이 범위에 해당하는 대부분의 저자는 다윗이니만큼 그의 신앙 역사는 독자들이 익히 아는 바, 제의시 관찰에 도움을 주리라 믿고 제안하는 것이다.

III

제의 시편의
표현과 이미지

The Expression & Images of the Psalms

1. 이스라엘 신앙공동체와 시편의 표현

(1) 시편과 이스라엘 공동체 - 12지파동맹

A. 12지파동맹의 기원과 발전, 분쟁들

이스라엘 민족은 야곱의 열 두 아들을 선두로 하는 12지파동맹체제로 발전하게 된다. 그러나 이스라엘은 가나안 땅 입성 이후 강대국들의 정복 전쟁과 더불어 열강의 틈바구니 속에서 총합단결이 쉽지 않았던 것으로 보인다(삿 5장). 더욱이 지파 상호간에 영토분쟁도 끊이지 않았다. 가나안 땅의 비옥한 반월형 땅이 납달리, 잇사갈, 아셀 지파 등에 돌아가자 다른 지파들의 반목이 거세지 않을 수 없었다. 이러한 문제를 사전에 피하려 했던 기록이 나온다. 열두 지파의 혈족인 르우벤과 갓 지파는 아이들과 많은 가축 떼를 빙자해 아예 약속의 땅 가나안 정복에 소극성을 띠기도 하였다. 그들은 요단 동편의 땅을 요구하는 의견을 냈던 것이다(민 32장).

시편 독자들이 주지하는 대로 12지파라는 숫자는 이스라엘 백성 전체를 상징한다. 야곱이 12아들을 축복하는 장(창 49장)으로부터 시내산에 이르러 언약을 조인하는 제의를 치를 때 모세는 이스라엘 전체를 상징하는 지파의 수대로 열 두 기둥을 세운다(출 24:4). 요단을 건널 때도 이스라엘 12지파를 기념하는 열두 개의 돌을 택하여 어깨에 메고 와 길갈에 세웠던 것이다(수 4:3~20). 하지만 이러한 상징체계에도 불구하고 이스라엘 12지파 간의 다툼은 사사기에 이르러 첨예한 분쟁점을 보이기도 한다. 분쟁의 원인은 입다가 암몬과의 전쟁에서 승리하자 에브라임 사람들이 자신의 지파에게 도움을 청하지 않았다고 하여 길르앗에 싸움을 걸어왔던 것이다(삿 12:1~7). 이 전쟁은 현대전에서도 발견되는 두 지역 사이의 오랜 감정상의 충돌이었다. 전쟁의 결국은 길르앗 사람이 에브라임 사람에게 묻는 '쉽볼렛'과 '십볼렛'의 발음 차이를 식별해내어 에브라임 지파 4만 2천 명이 학살당한다. 또 다른 분쟁은 베냐민 지파와 이스라엘 연합군 사이의 내전이었다. 한 레위인이 첩과 함께 기브아에 머물 때 기브아인 중의 불량배들에 의해 그의 첩이 윤간당해 세상을 떠나자, 그 시체를 열두 토막 내어서 이스라엘 사방에 두루 보내어 기브아인들의 만행을 고발한 일이 있었다. 그러자 이스라엘 총합이 모여 그 관련자들을 징계하려 했으나 베냐민 지파가 이스라엘의 총합에 응하지 않으므로 인해 전쟁이 발발했던 것이다(삿

19:1~21:25). 기브아는 곧 베냐민 지파에 속한 지역이었다(삿 20:4). 1, 2차 전투엔 베냐민 군대가 승리하는 듯 했으나 3차전에서 이스라엘 총 합군의 전략이었던 치솟는 큰 연기를 군호로 복병들이 기브아를 점령 함으로써 베냐민 지파를 전멸시키게 된다. 두 전쟁을 치른 이스라엘은 지나친 지파적 우월감과 오만으로 인해 더욱 분쟁의 시비를 낳는다. 결 국 이스라엘을 구원하시는 하나님의 통치 앞에 불신의 태도를 보였던 것이다. 한편 이스라엘의 총합군은 12지파 중 멸절 위기에 처한 비류 베냐민 지파를 위해 미스바 총회(삿 20장)에 불참했던 길르앗을 공격하 였고, 길르앗과 실로의 처녀들을 데려가 베냐민 지파의 남은 자들과 혼 인하게 하였다. 이러한 지파간의 동족상잔은 사람에 의한 판단과 심판 은 불완전함을 시사하는 이스라엘의 회개를 촉구하게 된다.

나아가 단 지파에 대한 행방은 사사기 1장 34절에서 찾을 수 있다(단 지파의 존속은 가나안 원주민 땅에 거하지도 못한 채 아모리 족속에 의해 산지 로 쫓겨난 일을 기록). 일부는 아모리 족속을 피해 유다의 영역이나 팔레 스틴 북단으로 이주해야만 했다(삿 18:1~31). 하지만 단 지파가 본래 기업으로 받은 땅은 가나안의 서부지역 산간과 해변에 이르는 비옥한 곳이었다(수 19:40~46). 이들은 가나안의 주종족인 아모리 사람들에게 밀려 산지로 쫓겨났던 것이다(후에 이 지역은 요셉 족속-에브라임 지파의 세력 확장으로 하여금 아모리인들로 사역하게 했고, 옛 단 지파의 지역을 되찾 는다).

이렇게 12지파동맹시대의 분쟁점들 가운데는, 훗날 요한계시록 7

장에 나타나는 계시에서 단 지파가 빠져있다는 점이다. 메시아 중심사상에서 신약을 보면 장자 르우벤보다 유다 지파가 먼저 등장한 이유를 이해할 수 있다. 메시아 계보라는 영적인 관점에서 창세기 49장이 표현하고자 했던 계시적 의미도 유다 지파와 단 지파에 관해 시사해주는 바가 크다. "단은 길의 뱀이요, 첩경의 독사로다. 말굽을 물어서 그 탄자로 뒤로 떨어지게 하리로다." 성경이 말하는 '실로가 오시기까지 규(홀)가 유다를 떠나지 않는다'(10절)는 것과 '길의 뱀'(17절)은 무엇이겠는가?

이스라엘의 동족상잔은 이윽고 민족 분열이라는 또 하나의 씨앗을 틔우고 있었다. 이것을 찾으려면 사사시대와 선지자들과 통일왕국을 거쳐 남북조 분열이라는 시린 역사를 더듬어야 할 것이다. 다윗의 통일왕조를 이은 솔로몬왕의 아들 르호보암 치세까지 거슬러 올라보자. 르호보암은 젊은 신하(귀족)들이 들려준 말을 그대로 따르게 되는데 다윗 가문에 소망이 없다고 판단한 10지파는 정치적 독립을 선언하고, 여로보암을 이스라엘(북왕국)의 국왕으로 추대하였다. 결과는 르호보암의 통치하에 유다 지파와 베냐민 지파만 남는다. 르호보암의 왕국이 유다(남왕국)라 불리는 까닭이다. 비류로 전락되어 자신의 정체성마저 상실해가던 베냐민 지파는 왕국분열 때 거의 유다 땅에 동화된다. 역대하 10장 5절을 보면 르호보암이 이같이 백성의 말을 듣지 아니한 것은 하나님께서 선지자 아히야로 하여금 여로보암이 10지파를 다스리는 이스라엘의 왕이 될 것이라는 예언을 이루기 위해서였다(왕상11:30~33). 이상의 행간에서 다룬 이스라엘 12지파동맹의 발전과 분쟁들은 다음의 시편과 공동체의 영성을 이해하는 데 근간이 된다.

B. 이스라엘 공동체를 위한 영성의 비밀

시편 독자들에게는 교회 공동체를 향한 시와 찬미의 권면이 낯설지 않다. "시와 찬송과 신령한 노래들로 서로 화답하며"(엡 5:19), "모든 지혜로 피차 가르치며 권면하고 시와 찬미와 신령한 노래를"(골 3:16) 부를 것을 요청한다. 오래된 것에 대해선 새롭게 갱신해야 하거니와 시편 기도와 찬양은 오늘의 교회 공동체 안에서 회복되어야 할 중요한 영성이다. 시편은 하나님의 말씀이기도 하지만 공동체의 기도이기도 하다. 이 사실을 이해하기 위해선 다음의 3가지 과정들을 통과해야 할 것이다. 본회퍼(Dietrich Bonhoeffer)는 시편에서의 기도가 개인적인 기도만 위해서는 사용할 수 없다는 사실을 깨달았다. 그 까닭은 시편의 기도가 개인적인 자신만을 위한 생각으로 출발하지 않기 때문이다. 생각의 끈을 개인에게만 갖다 놓지 않는다. 시편에 기록된 일련의 기도들은 기독교 초기 단계에 정리되어진 낡고 진부한 것으로만 간과해서도 아니 된다. 에베소서 2장 10절을 보자.

우리는 그의 **만드신 바라** 그리스도 예수 안에서 선한 일을
위하여 지으심을 받은 자니 이 일은 전에 하나님이 예비하사…

여기서 '만드신 바'와 '지으심을 받은 자'는 의미심장한 표현이다. 헬라 원문에선 '공예품', '작품'이라는 뜻을 가진 시(ποίημα, poiema)로 나타나고 있다. 이 기록이 하나님의 말씀이라는 면에서, 시편 독자들에

게 흠집을 내려고 하는 말은 아니다. 시에도 각기 종류와 다양한 시류詩類가 있지 않은가. 물론 시편의 시들이 현대시로서 시 형태와는 판이하다. 현대시와 같을 수도 없고 같아서도 아니 될 것이다. 곧 시편이 성경에 기록된 하나님의 말씀이기 때문이다. 시편의 독자들은 시편을 타인이 드리는 기도로만 생각하고서 시편을 듣기만해서도 아니 된다. 시편의 내용에 대해서 궁금해하거나 그 본문으로 인해 감정이 상할 수도 있다. 그럼에도 시편 독자들은 시편의 시를 자신의 기도처럼 기도할 수도 그리고 성경에서 떼어 낼 수도 없지 않은가?

이 문제를 해결하는 실제적인 방법을 동원하여 독자들이 자신의 기도로 붙잡는 실마리를 찾아야 한다. 다시 말하면 시편 독자들이 머뭇거리며 전율을 느끼게 되는(그 시편이 기도라고 인정할 수 없는) 기도가 우리들에겐 실마리가 된다는 점이다. 여기에 특이한 관점과 비밀이 담겨 있다. 시편을 통해서 자신의 무죄를 항의하고 하나님의 심판을 초래하며 고통당하고 있는 현장에서 한 분을 발견하게 될 것이다. 시편 150편 전역에서 기도하는 그 한 분, 그분이 예수 그리스도이며 시편 독자들의 구원자이시다. 시편에서 기도하고 계시는 그 한 분이 곧 성육신하신 그리스도라는 사실을 성경은 자증하고 있다. 그는 전적으로 무죄하고 의로운 분이시다. 그는 이스라엘 백성이 당하는 어떤 불행이나 질병, 고통에도 익숙한 분이시며 백성들 가운데서 공동체의 입을 통해 기도하고 계신다. 예수님은 시편을 기도하셨다. 그는 언제나 시편으로 기도하시기 때문에 시편은 그분이 드린 기도가 되는 것이다. 이것은 정확한 고백이며 그러기에 교회 공동체에 예수 그리스도의 이름으로 기도

함이 옳은 진리이다. 현재도 그분의 기도는 반드시 성취될 하나님의 약속 안에서 발견된다. 이유는 그리스도께선 하나님의 거룩한 보좌 앞에서 공동체 안의 개개인 독자들과 함께 시편의 기도를 드리고 있기 때문이다.

시편 독자들이 시편의 기도를 드릴 때, 비로소 예수 그리스도의 기도에 동참하게 될 것이며 하나님께서 들어주신다. 이를 통해 그리스도는 우리들의 중보자가 되심을 확증하게 된다. 예수 그리스도는 성육신의 인성을 가지시고 성부 하나님과 함께 천상에 계시면서 이 세상의 종말 때까지 쉬지 않으신다. 그러므로 시편 안에서 하시는 예수 그리스도의 기도는 개개인에 한정된 기도가 아닌 그리스도의 몸된 교회 전체의 공동체에 대한 것으로 받는다. 이 공동체의 기도 안에서 그리스도의 몸은 시편 안에서 실재가 되는 기도라 할 수 있다. 이제 시편에 나타난 그리스도의 실재로서의 공동체 기도를 이해하게 되는 비밀의 통로를 제공하고자 한다.

첫째, 시편은 위대한 공동체의 학교요 철저한 기도의 배움터이다. 기도는 하나님이 주신 약속에 기초해서 하나님의 말씀에 따라 간구하는 것이다.

둘째, 시편에 나타나는 이스라엘 공동체의 기도에서 기도의 의미를 배우게 된다. 매 시편에서 드리는 기도의 영역은 개인과 그 경험 세계를 넘어선다. 예수 그리스도께선 이 땅의 대제사장으로서 인간이 겪는 모든 종류의 고난과 연약한 경험을 체휼하셨다(히 4:15).

셋째, 시편은 독자들에게 이스라엘 공동체를 통해 기도하기를 가르치고 있다. 교회 성도들의 공동체는 기도를 드리는 주체가 된다. 개개인의 기도는 공동체가 드리는 전체 기도의 작은 지체가 될 것이다.

시편 독자들은 그리스도의 몸으로서 가르치시는 기도의 현실을 배운다. 구약에서의 선지서 편에 나오는 기도문들은 주로 운문체로 기록된다. 시편 공동체의 기도 역시 기도할 때, 화답식의 기도를 했던 것을 알 수 있다. 성가대가 한 줄을 부르면 회중이 다음 줄로 응답하는 식의 교독문을 말한다. 이것은 이스라엘 공동체의 평행문으로 알려져 있으며, 단지 문학적인 형식으로서 이해할 것이 아닌, 교회와 시편의 제의 신학을 위한 의미로도 발전될 수 있는 것이다.

(2) 시편의 위치와 분류

A. 구약에서의 위치

히브리어 성경은 3부로 나누어져 있었다. 토라-예언서-성문서의 순서로 계시에 의한 신성을 인정받은 목록을 의미한다. 이러한 순서는 편집이나 저작 연대를 말하는 것은 아니다. 히브리어 성경 순서 그대로 영어 성경이나 한글 개역개정에 옮겨놓지 않았다. 오히려 라틴어 성경의 목록을 따르고 있다. 독자들이 알아두어야 할 것은 히브리어 성경에서는 시편이 성문서집에 속한다는 정보이다. 앞으로 독자들이 논구하며 얘기할 시편은 성문서집에 속한 것이며 시편이 그중에 가장 첫머리에 배열되어 있다는 사실이다(탈무드에서는 룻기가 시편 바로 앞에 자리 잡고 있음을 알려준다. 그렇게 한 이론적 배경은 룻기의 룻이 다윗의 족보에 근간을 이루기 때문일 것이라 여겨진다. 눅 24:44 "시편들" 명칭 참고).

이르시되 내가 너희와 함께 있을 때에 너희에게 말한바 곧 모세의 율법과 선지자의 글과 시편에 나를 가리켜 기록된 모든 것이 이루어져야 하리라 한 말이 이것이라 하시고 이에 그들의 마음을 열어 성경을 깨닫게 하시고… (눅 24:44~45 **방점** 필자)

B. 시편 5권의 분류

시편은 또한 고대로부터 성문서집에 5권으로 나눠져 있었다. 그 까닭을 알 수 없으나 모세오경의 다섯 책과 대조를 이루는 것만은 확실하다. 고대의 랍비들은 시편을 '다윗왕의 오경(혹은 5권)'이라 불렀다고 전래되는데 시편을 산책하다보면 절로 고개가 끄떡여진다. 독자들은 시편 묵상에 있어서 시편의 5권 분류가 각 배경과 주제가 담겨있는 대로 모세오경과 매우 흡사한 점을 유념해두어야 하겠다. 각 권의 끝마다가 한정해주는 송영은 읊조리듯 그 음악소리를 들을 수 있을 것이다. 캠벨 모건(G. Campbell Morgan)은 다섯 권으로 분류된 각 권의 내용을 송영에 의해 그 의미를 발견한다고 선언하였다. 여기에는 시문학의 형태를 따라 구분한다기보다 각기 예배의 개념에서 심령의 태도가 반영되어 시편 모두가 제의를 중심으로 확연히 드러난다.

[표 1] 시편 5권의 분류

명제 \ 권편	제1권 41편 (1〜)	제2권 31편 (42〜)	제3권 17편 (73〜)	제4권 17편 (90〜)	제5권 44편 (107〜150)
송영 산책	41:13	72:18〜19	89:52	106:48	150:6
제의의 축제	**경배**(숭앙) 하는 예배	**유랑**(방황)의 예배	**계속**되는 예배	**순종**(실천) 하는 예배	**완성**된 예배
모세오경 과 같은 소재	**창세기** 사람 창조와 인애	**출애굽기** 이스라엘 해방과 구속	**레위기** 성막 성소와 예배	**민수기** 모세와 광야 방황과 고난	**신명기** 율법과 찬양 지상의 순례
시편 저자	대부분 (전부) **다윗**	대부분 **다윗과 고라**	대부분 **아삽**	대부분 **저자미상**	대부분 **다윗**
수집 역사적 배경	다윗에 의해 온전히 기록	히스기야와 요시아 시대의 자료들		에스라와 느헤미야 시대에 여러 시편이 수집됨	

(3) 시편의 노래와 표현

A. 시편의 노래

시편은 본래 노래로 부르기 위해 지어졌다. 시편의 많은 단락들은 찬양과 기도를 직접 표현하는 시문으로 형성된다. 그것은 삶의 승리와 기쁨과 신앙뿐만 아니라 두려움, 의심, 슬픔과 아픔 등 진실한 성도들이 겪는 모든 종교적 감정을 드러낸다. 예를 들어 시편 저자들은 백성들의 필요와 하나님의 자비하심, 인애 앞에서 구원 받은 감격을 반복해서 표현하길 원한다. 동시에 백성들에게 불신과 불순종을 경고하며 하나님이 베푸신 구원의 경험과 구출을 기억하기 쉽도록 교훈적인 시로 노래하고 있어 고통 받을 때 위로와 힘을 준다.

시편 저자들의 표현은 하나님의 법 준수를 행동 지침으로 수행하며 이스라엘을 번영으로 인도하는 지혜서 역할도 하고 있음에 즐거워한다. 이러한 찬송시들은 잠언과 욥기를 포함해 지혜문학의 윤리와 교훈까지 담고 있다. 시편은 그 저작 목적이 성전의 찬송가로 엮어진 것이기 때문에 성전의식(예배)에서 찬양하고, 성산에 계신 하나님을 향해 나아가는 기쁨을 표현하기에 주저하지 않는다. 개인의 신앙적 정서 표현과 결합하여 고대 이스라엘의 제의를 가장 완전하고 능력 있게 실현한다. 백성들의 일상 중에서 하나님을 찬양하는 민족축제(절기), 군사적 행동은 신앙의 헌신과 함께 공동체에 널리 행해졌던 것이다. 이러한 행동과 신앙은 곧 노래로써 불러지게 되었다. 이스라엘 백성들의 의식 속에 예술적 요소를 지닌 함축된 스토리(구속사)의 형태라는 점에서 그 본질이 이방의 문학과는 달랐다. 함축이란 이미지, 상징, 비유, 감정적인 어휘 등 복합적인 의미의 사용을 통해 이루어지는 것을 말한다. 시편에서 사용된 비유나 이미지의 묘사는 자연 속에서 겪는 흙냄새를 풍긴다. 이는 이스라엘이 시골 전경에서 생활하던 농경과 목동의 나라였기 때문이다. 또한 시편의 표현들은 군대적(정복과 방어) 용기와 영적인 의미에서 치르는 성전으로써 하나님을 찬양하였기에 독자들은 이스라엘 민족의 경험에 동참하며 그들 표현의 세계 안으로 들어가야만 한다.

현존하는 시편주석가 가운데 교회의 예배공동체에 초점을 맞춘, 앨런 로스(Allen P. Ross)는 제안하길 "이스라엘의 찬양에 대해 이야기 할 때는 반드시 음악과 악기들에 관한 언급이 있어야 한다"고 못 박는다. 즉 여러 종류의 소고, 관악기, 현악기, 타악기 등이 묘사되어 있는데 이는 이스라엘의 악대가 대규모였음을 시사한다. 시편의 표제들 역시 노래에 대한 연구 방식을 언급해 주는 용어들로 가득하다. 예컨대 시 55편에 나오는 '인도자를 따라'(לַמְנַצֵּחַ 람나체아흐)라든지 '음악 지휘자를 위한'(for the director) 등이다. 이러한 표제에 대한 논란이 없는 것은 아니지만, 아마도 성전 음악을 맡고 있는 악장을 가리키는 것 같다. 이렇게 선정된 시편들은 어느 시점에 이르러 예배를 위한 노래집으로 만들어졌으리라 본다. 시편 42, 44~49, 84, 87~88편에 소개된 '고라 자손'은 아마도 고라 가문 출신의 음악가들을 가리키는 것 같다. 그렇지 않다면 시 88편의 경우 두 명 이상의 기록자가 나와야 한다. '여두둔'(יְדִיתוּן 예두툰 시 39, 62, 77편)은 연주가들의 조합을 나타내는 복수로(여두둔은 다윗의 악장 가운데 한 사람, 대상 16:41 비교) 쓰였다.

다른 표제들도 음악적 표기 역할을 하고 있다. '느기노트'(בִּנְגִינוֹת)는 현악들에 맞춘 노래라는 뜻이다(시 4, 6, 54~55, 67, 76편). 시 61편에서는 '느기야트'로 취급하여 현악에 맞춘이라고 되어 있다. '느힐로트'는 정확하지 않으나 탄식을 노래하는데 사용되었던 '피리'(시 5편)가 아닌가 한다. '깃딧'(הַגִּתִּית 기티트)도 나오는데 포도주의 노래를 의미하는 악기를 말하는 것 같다(시 8, 81, 84편). 또한 '알라못'(עֲלָמוֹת 알라모트)는 처녀들을 가리키는데 여성 찬양대를 말하는 것 같다(시 46편).

이제 표제어는 아니지만 시편 문맥에서 발견되는 8개의 어휘 표시를 살펴보자. 셀라를 제외하고는 모두 노래의 곡조 표시인 듯하다. 많은 시편의 본문에서 발견되는 '셀라'(סֶלָה 쎌라)는 예배자들의 목소리를 높여야 할 때나 강조할 때 쓰였다고 본다(쎌라는 높이다, 올리다라는 의미의 쌀랄과 관련됨). 셀라는 시편 독자들이 쉽게 만나는 어휘인데 시편에서만 71회 나온다. 곡조의 표시로는 시 45, 60, 69편에서 만나는 '백합화(שֹׁשַׁנִּים 소산님, 수산에둣)에 맞춘 노래'라는 뜻이다. 시 22편엔 '암사슴(אַיֶּלֶת הַשַּׁחַר 아옐렛 사할)에 맞춘 노래'가 있다. 시 56편에는 '멀리 있는 조용한 비둘기'(יוֹנַת אֵלֶם רְחֹקִים 요낫 엘렘 르호김) 및 시 57~59, 75편에는 '멸하지 말라'(אַל תַּשְׁחֵת 알다 스헷)는 표제가 붙어 있다. 시 9편의 '아들의 죽음이라는 곡조에 맞춘 노래'(to the tune of "The Death of the Son")라고 된 '알무트 라벤'(עַלְמוּת לַבֵּן)이 나온다. 시 53편의 '알-마할라트'(עַל מָחֲלַת) 그리고 88편의 '알-마할라트 르안노트'(עַל מָחֲלַת לְעַנּוֹת)는 의미가 불분명하여 논란이 되고 있다. 이 같은 표시들은 사용된 곡조의 강조나 예배 때에 주목을 요하는 어휘이다.

B. 시편의 표현

시편에서의 표현이란 무엇인가? 먼저 사전적인 의미를 빌려본다. 그것은 나타남이다. 나타남은 감성이나 사물이 형상화된 모양을 말한다. 철학과 신학에서의 표현은 내면적 과정의 감성 표시 내지 심적 상태, 의미, 과정, 속성, 지형 혹은 신성 추구 등 모든 정신적 주체가 외면과 감성의 형상으로 변화하는 것을 뜻한다. 또한 이러한 감성적 형상, 그 자체이거나 표정, 몸짓, 필적, 작품 같은 언어적 발생이다. 작품에서 작가가 깨달은 감동을 예술로서 표출하는 일이다. 다시 말하면 표현이란 자신의 생각을 외면적이고 감성적 형상으로 드러내 보이는 것, 곧 나타내는 것이다. 독자들이 이것을 시편 묵상에 대입한다면 어떻게 될까?

시편 저자들은 하나님의 음성을 듣고 이스라엘의 신앙적 현실 체험을 쌓으며 나타내고자 하는 대상의 특징적이고 인상적이었던 삶의 정황을 환기시켰다. 시작詩作은 삶의 정황에 대한 새로운 이해와 인식이라는 감성 세계를 표출하는 심적 작용이다. 외면적이면서도 감성적인 형식으로 구체화시켜 압축하는 과정을 드러내 보인다. 이는 현대시를 짓는 과정에서도 적용되는 것이지만 특히 시편에 표현된 이스라엘의 구속사에 나타난 선택과 언약과 기업 더 나아가 여호와 하나님을 섬기며 감사하며 찬양하는 예배와 그 가운데서 고난당하는 인간상을 반영하고 있다. 그러면 3천년 이전에 기록된 시편(그 편집과정이 여러 시대에 걸쳐있음에도)과 오늘의 현대시 작품의 현대적 표현과는 어떤 차이가 있을까?

표현주의는 1910~30년대에 이미 지나간 독일 지성계에서의 짧은 시대를 풍미했던 운동이었다. 당시 자연주의와 사실주의, 인상주의를 배격하고서 삶의 내면에서 밖으로 표출하는 투철한 인간 정신과 주관적 사고를 정화하는 문학적 표현방식으로 회자되었다. 회화와 음악에 있어서도 맥락을 같이하였다. 그 내용이나 주제 면에서, 구약 시편 저자들이 시를 창작할 때의 시작 시점과는 그 표현방식을 결코 동일시할 수 없는 상극을 이룬다. 아래에 '데니스 포니에'(Denise Fournier)가 쓴 현대적 표현법을 지적해보자. 이러한 작업이 전적으로 무모할 수 있겠으나 시편 독자들을 위해 참고 사항으로 적어본다. 그녀는 제시하길, 표현이란 메니페스테이션(manifesto 표명, 선언)과 같이 인간의 의도, 신념, 생각, 감정, 신앙을 통해 인간의 삶과 자연에 사물을 끌어들이며 동시에 안의 것을 밖으로 나타내는 정신적 개념을 가리킨다고 강조한다. 그에 따라 인간의 생각이나 신념, 감성을 변화시킴으로써 인간이 추구하는 의도적인 행동과 믿음을 통해 일치하도록 활기찬 빈도로 진입할 수 있는 것을 가져다주는 것이 곧 표현이라고 말하는바 요지이다. 마치 정신 감정 수업을 받는 것과도 같은 생활 철학에다 종교심리학을 가미시키고 있다.

반면에 이제는 시를 쓰는 과정에서 전망하는 저자의 시적 체험과 감정세계 그리고 지은이 자신의 생각을 표현하는 표현으로서의 창작 활동을 음미해 보자. 처음의 시작詩作 과정에 있는 창작 활동과 그 이후에 편집이 완결된 시편을 읽고 묵상하며 탐구하는 과정은 동이 서에서 먼 것 같이 한없이 먼 거리에 있다. 그러나 시가 될 수 있는 체험에 대해서는 전자와 후자가 일심동체의 선상에 있음을 간과할 수 없다. 한 편의 시는 고대에서나 현대에서 시적 체험을 통해 결정된다는 진실을 인정해야만 한다. 한 편의 시에서 할 말과 형상화 될 만한 재료가 모두 자신의 체험에서 우러나오는 것이다. 이것을 일컬어 감정세계는 그것을 형상화 할 재료(정황)와 함께 태어난다고 명제화할 수 있다.

여기서 형상화 재료는 체험하는 대상의 속성과 성령에 의한 감동적이고도 인상적인 면에 따르는 구체화된 감정이다. 이때의 감정은 삶을 희노애락에 치우친 어떤 기분만을 의미하는 것이 아니라, 체험 속에 형성된 지성과 의지가 용해된 내면세계를 통칭하는 말이다. 따라서 시편에서의 표현은 시편 저자의 시적 체험에 근거한 표현이라는 큰 아이콘을 설정해야만 할 것이다. 그것은 히브리어를 포함하여 한국어에 숙달될 수만 있다면 더 바랄 나위가 없는 일이다. 시편 역시 히브리어로 표현된 언어라는 측면에서, 언어라는 도구에 익숙해질 수 있는 고단한 행로가 요구된다. 동시에 표현된 이미지와 언어를 들을 수 있는 신앙의 인내가 필요하다. 이것은 시편 독자 자신이 넘어야 할 과정이자 누구도 대신할 수 없는 묵상의 길이다. 이는 시편의 표현을 이해하는 데 있어서도 성령님의 도우심이 요청되는 대목이기도 하다.

2. 시편의 형상 재료 - 운율과 색깔

(1) 히브리시 운율의 문제

운율이란 시를 읽을 때 느껴지는 언어의 가락을 말한다. 단어, 소리, 문장이 되풀이 되거나 글자의 수가 일정하게 반복되면서 일어난다. '운'은 같은 소리나 연과 행에서 일정한 위치에 규칙적 반복의 방식이며 '율'은 같은 글자의 수, 소리의 강약, 고저장단 등이 규칙적으로 반복되어 나타나는 것이다. 행과 연에서 일정한 호흡으로 혹은 위치에 규칙적인 음이 배치된다면 외형률에 속하고, 일정한 규칙이나 호흡의 위치가 없이 자유시로서 시구 속에 은근히 의미가 속해 있다면 내재율의 운율을 띠는 것이다. 운율을 이루는 요소는 다음과 같다. ① 유사한 음운의 배열 ② 같은 단어나 어구의 반복 ③ 같은 글자 수의 반복(7.5조, 4.5조, 3.4조 등) ④ 유사한 문장구조의 배열 ⑤ 의성어와 의태어의 사용 반복 등이다.

로버트 로우드(Robert Lowth)는 1754년 『히브리인의 신성한 시』 (Praelectiones Academicae de Sacra Poesi Hebraeorum)를 탈고했다. 그는 성공회 대주교이자 옥스퍼드 교수회의 영문법 학자로서 처음으로 히브리시의 운율형식은 구절체 간의 평행법을 따르는 특성이 있음을 밝혔다. 이것은 두 행 이상의 시가 서로 균형과 조화를 이룰 때 발생하는 시작詩作의 형식을 말한다. 이러한 구절체는 상호사상을 반복하거나 교차배어법을 사용함으로써 의미를 완결해 준다. 로우드는 세 가지 유형을 제시하였는데 곧 동의어와 반의어, 교차배어에 버금가는 합성어로 설정된 병렬 형식이었다.

또한 모빙켈에 의하면 히브리어 시에 있어 2음구절과 3음구절의 양식적인 평행법을 발견하였다. 바이콜라(bicola)는 단일 단위 안에서 서로 병렬식으로 된 2줄(행)의 시를 말한다. 트리콜라(tricola)는 단일단위인데 서로 평행을 이루면서 전개되는 3줄(행)의 시이다. 히브리어 시의 운율은 정의하기에 어려움이 있지만, 가장 두드러진 특징 중 하나는 평행법이다.

박종칠 교수는 바이콜라와 트리콜라를 흥미있게 다루었던 연구자

중의 한 분이다. 그는 저작 『시편의 구속사적 이해』(1991년)를 간행하여 시편을 망라하는 히브리적 형식 장르와 하나님의 계시 역사를 전달하려고 활기 넘치는 대장정을 기획하였다. 전체 3부작으로 제2부에서 이스라엘 백성들이 체험했던 하나님의 구속사에 대한 새로운 접근 방식과 내용을 강론하였다. 그는 시편에 나타나는 계시들을 크라우스(Hans-Joachim Kraus)의 『시편 신학』(The Theology of Psalms)을 중심으로 원전에서 다룬 전승사적 입장을 제외한 제의 시편 해석과 구속사적 행적에 초점을 맞춘 계획성이 돋보이는 수작이다. 예를 들면 시 78편 1~2절에서 비밀스럽게 감추어져 있던 옛 자료를 드러낼 때, 문학적 형식으로써 비유를 선택하겠다는 말씀의 취지였던 것이다. 결국 시편 저자 자신이 미리부터 본인이 표현할 시문의 내용과 형식까지도 계시 안에서 발견했다는 논지이다. 이 말은 어떤 작가가 현대시를 지을 때, 일반적으로 말하는 영감된 시어와는 그 근원자체가 다른 것이라 할 수 있다(대개 사람들이 자유시를 지을 때 그가 애용한 시어에 관해서 결코 계시 받았다고 거들거리지는 않는다). 시 78편을 기록한 저자가 자신의 시에 관한 형식과 내용을 알고 있었다면, 비록 양자의 구분을 예리하게 의도한 것은 아닐지라도, 그 형식을 비유로 취하겠다는 점은 저자(아삽)가 자신의 시를 지혜(hokhma) 문학의 틀에 맞추겠다는 의지를 엿볼 수 있다. 이러한 해석은 시 78편의 배경이 고대 이스라엘의 역사에 나오는 사실들에 대한 이야기, 곧 여호와의 영광스러운 행적들(4절)을 자료로 삼고 있기 때문이다. 그는 시편의 운율에 있어 모빙켈의 연구 방법을 비평한 적이 있다. 특히 시 7:18~19, 22:77~78, 147편 등을 중심으로 분석하여 설명한 바 있는데 상당 부분 설득력을 얻기에 기여하였다. 곧 '바이콜라'(bicola 2행체 음률, 대구법)와 '트리콜라'(Tricola 3행체 음률, 평행법적 동의절과 교차배어절과 상호보완절)가 그것이다. 그는 시 47편과 92편전체 구절의 히브리어 텍스트를 대면해 운율 분석의 실례와 초석을 놓기도 하였다. 나아가 히브리 시의 운율은 철자의 음위율(답관체의 알파벳 위치, 시 119편 외에 여덟 편) 및 히브리어 발음에서 발견되는 음성율과 자음의 음절에서 비슷하게 발음되는 음수율로 나타난다. 그는 시편의 상당부분 단락에서 순수 언어유희의 수사적 흔적을 보이고 있다고해설하였다.

운율은 히브리어 성경에서 산문체와 운문체(시)를 구별할 수 있는 표징이 되기도 한다. 즉 산문형식에선 문장의 특색인 '와우 계속법'(ו waw consecutive, and/but)을 통해 문장의 흐름을 계속하는 접속사를 붙일 수있다. 예를 들면, 첫 행을 이어 두 번째 행에서 접속된 사상은 시편 저자가 표현하고자 하는 사상을 하나의 직선 위에 나열하는 것이 아닌, 두 번째 행이 처음 행에 표현된 사상을 재강조하면서 의미를 완결 짓는대구법 형식을 취하는 것이다. 그러나 단순 반복이나 강조를 나타낼 때는 그 단조성(monotomy)을 벗어나기 위해 평행되는 다른 문구로 대신한다. 이러한 대구법적 현상들을 스탠리(Stanley E. Porter)는 번갈아가며 움직이는 두 날개짓에 비유했다. 양 날개의 작용은 보여주기 위한것이 아니라 의미의 균형을 유지하는 진실한 표현일 때 가능하다. 구약의 시 가운데 가장 오래된 전통으로는 '칼의 노래'(창 4:23~24, 라멕의 노래)가 있다. 모두 여섯 행으로 구성된 2행 연절 혹은 3행씩 동의대구법으로 나타난다.

(2) 시편의 운율

히브리 시편의 기본적인 성격에 접근해 보자. 이것이 이해된다면 시편 독자가 이미 느끼고 있는 고정된 현대시 개념으로부터 일탈할 수 있다. 우리가 현대시를 통해서 갖고 있는 고정된 시 개념과 구약의 시편 이해에서의 상반된 괴리현상은 피할 수 없다. 자칫 현대시 이해 감각과 성경 속에 나타나 있는 히브리 시와의 비교는 상당 부분에서 왜곡된 기대가 있음을 간과해서는 안 된다. 그러나 고대와 현대의 시적 감상에 있어 양론의 지성과 감각이 전혀 무관하다고 말할 수 없다. 우리에겐 수많은 구약의 시편을 탐독해 온 경험을 축적하고 있지만, 그것을 이해할 수 있는 구약의 시 이론서가 없기 때문에, 시편 독자들은 시편을 읽고서 묵상이나 강해, 그리고 설교(메시지)에 즉시 파고드는 것이 상식화 되어 있다. 이는 현대 크리스천이 신앙으로 단련한 높은 수준의 장점이라 할 수 있겠다. 다시 말하면 시편 묵상하기, 찬양, 시편 암송하기와 설교하기 등 시편 전체에 용해된 구약의 구속사 이해에 너무나 익숙해져 있기 때문이다.

이에 비해서 연구하고자 하는 본문에 따른 구조적 논술, 본문과 이론 사이에 상호적인 만남을 꾀하는 시적 통찰력을 어려서부터 배양 받지 못한 것이 사실이다. 따라서 시편의 한국어 번역이 운율의 균형 면에서 잘 된 것인지, 그렇지 않은 것인지 비중을 논할 만한 자양분이 부족한 상태이다. 읽고 믿을 뿐이다. 그럼에도 불구하고 시편 독자들은 히브리 시의 양식에 있어 운율(metre)과 음률(rhythm)이 존재할 것이라는 막연한 기대를 갖는다.

　운율은, 인간과 자연 그리고 모든 사물과의 교감에서 일어나는 정서
이다. 나아가 감흥, 상상력, 종교, 문화, 사상 가운데 피할 수 없는 표현
력이며 동시에 리듬(rhythm)이기도 하다. 모든 시어엔 그 어원이 있다.
각 어원들은 현실에다 창조적 상상을 가미해 예술적 가치를 가지는가
하면, 그 의미를 풍부하고 깊게 해석하며 내면의 진실을 수반하여 감동
을 더해 줄 것이다. 거기엔 형식을 갖춘 외형률이 있는가 하면 비정형
의 내재율을 갖춘 시도 등장한다. 하지만 히브리 시편 속에서 정형적인
운율을 발견할 수 있는가의 문제는 여간 어렵지 않다. 성 어거스틴도,
'히브리 시편으로 들어가는 문은 좁고, 그 길은 험하다'고 지적하여 히
브리 시편의 예술성에 대해서는 혹평하기도 했다. 하지만 시편에 운율
이 전혀 나타나지 않는다고 말할 수 없다.

　히브리 시문의 성격엔 음수율에서 엑센트를 가진 단음절의 연속을
찾을 수 있다. 히브리 시문의 음률은 음절의 양에 기인한 것이 아닌 균
형 잡힌 시에서 덜 고정된다. 존 하르그리브스(John Hargreaves)에 의
하면 시편 가운데 한 형태의 운율을 계속 사용하는 것은 거의 없다고
제시한다. 고대 근동의 시문들은 정확한 운율을 알지도 못했으며, "운
율의 원인을 찾는 일은 부질없는 일이다."라고 말한다. 하지만 모빙켈
은 시편의 운율 형태가 3＋2, 3＋3, 4＋4로써 2＋2, 2＋2＋2, 4＋2등
도 나타나고 있다고 썼다.
　한편 연聯의 나눔을 보자. 시편에서는 비교적 희귀한 편이다. 그러나

연이 있음은 의심할 여지가 없으며 가령, 시 119편은 22개의 연으로 구성되어 있다. 이러한 연들은 답관체(acrostic) 구조로 되어있음이 분명하다. 답관체에 대해서는 다음 단원에 나오는 시편의 제유형에서 만나보도록 하자.

A. 운율과 대구법

더욱이 시편은 이스라엘의 음악을 위한 작곡 모음집이기에 음악가들은 성전에서 대가 없이 헌신하였다. 시편 저자들은 아무리 추상적인 사상일지라도 히브리어를 통해서는 구체적이고 감정적인 언어로 노래할 수 있었다. 하나님의 능력을 '그의 손'으로, 죽음을 '사망의 그늘'로 표현한 이미지법을 동원한다. 시가란 그 민족의 아름다운 사상과 느낌과 행동을 율동과 운율에 의해 고유한 언어로써 표현하는 문학의 한 형태인 것이다. 우리에겐 한민족 고유의 향가와 시조, 창가 등의 형태를 띤 정형시가 전해 오듯이 이스라엘 민족에게도 언어의 특성 및 문화적 관습에서 여호와 신앙의 노래를 불렀다.

히브리어 시편의 각 행은 사상과 관념 사이의 균형을 짝지어 두 부분의 대구對句로 이루어진다. 그런데 이러한 대구법을 번역하면 할수록 그 과정에서 정확도가 높아질 수는 있겠으나 반면 이스라엘의 고유한 언어의 시상을 상실할 우려도 따른다.

대구법은 첫 구절이 두 번째 구절에 상응하는 유사한 개념으로 결합할 때 생기는 독특한 문체를 말한다.

소는 그 임자를 알고 나귀는 그 주인의 구유를 알건마는

이스라엘은 알지 못하고 나의 백성은 깨닫지 못하는도다 하셨도다

(동의 대구절, 이사야 1:3)

풀은 아침에 꽃이 피어 자라다가 저녁에는 시들어 마르나이다

(반어 대구절, 시 90:6)

들의 초장에도 떨어지니 작은 산들이 기쁨으로 띠를 띠었나이다

초장은 양 떼로 옷 입었고 골짜기는 곡식으로 덮였으매

그들이 다 즐거이 외치고 또 노래하나이다 (종합 대구절, 시 65:12~13)

B. 운율과 시적 의미 전달

현대 히브리어 시편 분석에서는 운율 측정 방법이 다양하다. ① 마
소라 학파의 사본에 찍혀 있는 강세를 음절로 보아 표기하는 엑센트 음
절 나누기 ② 음절 수 계산법 ③ 단어 안에서 모음을 나눈 계산법을 제
시한다. 하지만 우리의 한글 번역에까지 운율을 반영해야만 하는가에
대해서는 학자들마다 의견이 다르다. 히브리어 발음은 시대의 변천에
따라 수많은 변화를 거쳐 왔으며, 실제 시편 각 절의 운율에 관한 어떤
전통도 따로 존재하는 것이 아니다. 보다 중요한 것은 시편이 시편 독
자들의 기억에 생생히 남도록 강력한 영상(그림)을 그려주는 이미지들
을 찾는 일이다. 즉 자연현상들(요새, 피난처, 반석, 하늘, 바다, 강, 들, 폭
풍, 번개와 우레 등)이나, 동물의 이미지(황소, 염소, 양, 사슴, 뿔, 참새, 제비
등)나 군사 이미지(군대, 용사, 칼, 창, 방패 등), 가족 이미지(아버지, 목자,

형제 등) 그리고 비현실적 이미지들(용, 리워야단)과 같은 다양한 영상들을 현재의 삶에 맞게 적용하여 해석함이 더욱 효과적일 것이다.

그 외에 시편 본연의 시적인 의미전달과 즐거움을 주기 위한 형식미에도 관심을 두어야 한다. 예를 들면, 현대 시문학에서도 주목하고 있는 알파벳 시편(acrostic), 수미쌍관법, 반복, 생략, 과장, 중의, 환유(metonymy), 반어(irony), 역설(paradox), 후렴구, 두운과 각운 등 복합적인 특징들을 반영하고 있는 문맥들이다. 그러므로 더욱 압축되고 고양된 시어를 사용한 쉽고도 완성도 높은 언어가 요청되고 있다. 더욱이 번역에 있어 히브리어 원문과의 의미 일치와 운율 방식에 일치할 수 있는 교회 공동체의 성경관과 신학적 세계관에 합당해야 할 것이다. 시편 독자들의 정서에 맞는 시 전통에 의해 시 형식의 일치까지도 실현될 수 있다면, 시편의 중심 메시지를 파악하는 데 한층 도움이 될 것이라 확신한다. 여기에 세심한 주의를 기울여야 할 점이 있다. 세속적인 현대시와 구속사 안에서 성령님의 감동으로 지은 경건한 시편 사이에는 운율의 근본적인 차이가 있다는 사실을 간과해서는 아니 된다.

(3) 시편의 색깔

시편 안에는 어떤 색깔과 이미지들이 들어있는가? 시편 독자들은 구약의 시편을 묵상하는 중 한 번쯤 흥미로운 과제를 생각하기 시작한다. 이 과업에는 시편 150편 전체 장절의 히브리어 원문을 깨알 추수하듯 훑어보아야 할 것이다. 자연의 색깔은 눈부시거나 피곤하지 않다.

이유는 미술 전문가들이 말하길 인공적으로 만든 색감과는 달리 대부분 낮은 채도로 형성되었기 때문이라고 답한다. 인류는 오래 전부터 자연이 만든 다양한 색의 비밀을 찾기 위해 노력해 왔다. 색깔은 일상생활과도 밀접한 관계를 맺는다. 색상이 인간의 심리작용에도 영향을 미치기 때문에 단순한 존재 이상의 것이라 할 수 있다.

먼저, 시편 150편 전역에서 딱히 순수한 색채만의 단어는 3색, 흑과 청 그리고 백색으로 나타난다. 흑암(시 18:28, 107:10 등), 푸른(풀밭 23:2, 채소 37:2, 감람나무 52:8, 청청하고 92:14), 백주(대낮, 91:5, 121:6 등) 뿐이다. 그래서 무채색이라기보다는 푸르름이 유색을 받쳐주고 있는 셈이다. '홍해'와 '황충'이 등장하고 있지만 이는 지명과 메뚜기를 말하기에 색깔 자체에서는 제외시켰다. 그렇지만 시편에는 색깔 이미지로써 수많은 이미지들이 순환하고 있음을 발견할 수 있다. 예를 들면, 빛과 흑암(그림자), 하늘과 땅, 산과 바다, 물과 불(등불/숯불), 상아와 양(양털), 금과 은, 피와 제사, 연기와 석양, 제물과 뼈, 활과 창, 수레, 풀과 뿔, 눈물과 거품 등이다. 추상명사로 표현되는 언어군은 색깔로 규명하기가 쉽지 않다. 시편 저자가 담아낸 개인적인 주관과 정서, 이스라엘 공동체의 구속사와 예언에 의해 기록되었기에 주제별, 유형별 접근이 가능해진다. 즉 구원과 심판, 찬양과 감사, 선택과 언약, 천사와 스올(음부), 자비와 죄악, 기도와 노래 등의 단어는 그 실제와 프락티스 그리고 이미지들로써 이해할 수 있을 뿐이다. 이런 이미지(형상)는 존재하는 표현과 목적에서 제의(예배) 때 성령의 충만으로 자연스레 우러나는 것이다. 휘튼대학에서 구약학을 가르치는 하젤 블록(C. Hassell Bllock)은 시편의 찬양과 애원을 설명하는 자리에서 다음과 같이 말했다.

만일 멀리서 인생의 캔버스를 돌아볼 수 있다면 대조적인 두 가지의 색채를 보게 될 것이다. 삶의 양극단을 보여주는 기쁨과 슬픔, 소망과 절망 등의 감정상태가 흑백으로 뚜렷이 구분되어 다가올 것이다. 물론 이들 사이에도 다양한 색채가 존재하는 것은 분명하며, 이러한 색채 역시 실재하는 것이 사실이다. 그러나 우리의 눈은 자연히 가장 선명한 대조를 이루는 곳에 고정되게 마련이다. 마치 렘브란트의 그림을 보고 캔버스의 보다 어두운 배색을 통해 가장 확실하게 드러나는 밝은 부분으로 눈길이 가는 것과 같은 이치이다.

이와 같이 시편의 색깔에 관해 탐구해보면, 시편에서 표현하는 모든 문맥들이 '삶의 자리'로부터 나오는 유추와 파생으로 생각할 수 있는 것이다.

한편, 시편의 색깔 언어를 확대조명하여 구약의 창세기에서 시작한다면 맨 처음 등장하는 색깔은 흑암(창 1:2)이다. 다음엔 하나님이 땅에 생물을 내실 때(여섯째 날) 푸른 풀(창 1:30)을 내어주셨다. 붉은 색은 에서가 아우 야곱에게 장자의 명분을 팔 때, 팔레스틴 지역에서 생산되는 적갈색(아돔, 창 25:30) 콩이 등장하며, 34절에서는 팥죽(stew)으로 소개된다. 야곱이 외숙부 라반의 양을 칠 때 자신의 소유로 약속되어진 아롱진 것과 점 있는 것과 검은 것(창 30:32~40, 알록달록: brown)을 가려내었다. 그리고 창세기 37장 3절에 이르면 야곱은 요셉에게 채색옷

(뚜렷한 컬러는 언급되지 않은 유채색)을 입힌다. 이렇듯 성도가 구원 받은 구속의 은총엔 자연의 일반계시 안에서도 하나님을 알 만한 은혜가 용해되어 나타난다.

그럼에도 하나님께서는 고대 히브리 백성에게 그다지 많은 색깔로 계시하고 있지 않다는 것을 새로이 알게 된다. 히브리 미술이 다양하게 발달하지 못했다는 점을 알려주면서도 하나님의 말씀은, 인류에게 어떤 생활 속의 미학보다는 심령에 선포하시는 삶의 로고스임을 묵상하는 대목이기도 하다. 하지만, 레위기 25~26장에서 선포하는 성막 세우기의 웃덮개에 해당하는 4중 색상은, 성경이 밝히는 기본 색깔로서 구약과 신약이 만나는 필생의 컬러임을 알게 된다. 여기서 시편 독자들은 계시와 말씀 선포에는 그다지 많은 색깔을 필요로 하지 않는다는 비밀을 깨닫게 될 것이다.

터키의 문호 오르한 파묵(Orhan Ferit Pamuk)의 소설, 2006년 노벨 문학수상작인 『내 이름은 빨강』을 읽어보면 강한 색깔 이미지의 표현을 만나게 된다.

나는 빨강이어서 행복하다
나는 뜨겁고 강하다
나는 눈에 띈다
그리고 당신들은 나를 거부하지 못한다

독자들은 고개가 끄떡여질 문맥이다. 결국 빨강은 무엇을 말하고자 했을까? 살해당한 자의 피일까? 아니면 화가들의 고뇌일까? 곳곳에서 화가들이 해석하듯 충돌하는 터키의 문명충돌이 섬세하게 묘사되어 나온다. 다시 말하면, 터키의 문화사 배경과 오스만 터키의 흥망성쇠를 스터디하게끔 만드는 색깔이다. 독서의 스타일과 미완성과 오만함을 세속의 역사의식으로 풀어 나간다. 거기에 비하면 시편 독자들은 전혀 다른 경건어의 훈련과 예배로의 열림을 확신하게 될 것이다.

(4) 시편의 심화: 성막과 에봇과 보좌 위의 색깔

앞서 시편에서의 색깔이 청색과 흑색 그리고 백색임을 조명해 보았다. 이제 시편의 범주를 넘어 모세에게 계시한 대로 성막 만드는 색상을 심화 관찰해보자. 출애굽기에 계시된 대로 성막을 만드는 재료의 색상에서는, 메시아 기대사상의 기본색이라 할 수 있는 4색이 등장한다 (출 26:1~14, 36:8~19). 중요한 사안은 성막의 윗덮개가 4층 구조이며 4중의 재료로 덮인다는 점이다. 첫 번째와 세 번째의 덮개에서 뚜렷한 색깔이 제시된다.

열 폭 휘장으로 성막을 지었으니 곧 가늘게 꼰 베 실과
청색 자색 홍색 실로 그룹들을 무늬 놓아 짜서 지은 것이라
(출 36:8 **방점** 필자)

성막 덮개의 바깥에서부터 살펴보면 가장 바깥에는 해달의 가죽으

로써 검은색 계통이다. 광야를 지나는 외형의 수수함이다. 그 안에는 염소털로 짠 덮개이며, 이 덮개는 열한 폭으로 성막 뒤와 좌우 양쪽에서 아래로 늘어뜨리게 했다(다른 덮개에 비해 염소털로 만든 덮개의 경우 그 치수가 더 섬세하다). 다시 그 안에 붉게 물들인 숫양의 가죽으로 덮었다. 염소와 숫양은 속죄와 화목을 뜻하는 제물로서의 모습을 보여준다(레 16:5~10, 창 22:13). 맨 안쪽에는 가늘게 꼰 베 실로 천사의 문양을 넣어서 덮도록 열 폭으로 되어있다. 금고리 50개가 연결된 꼰 베 실로, 청색, 자색, 홍색실로 천사를 정교하게 수놓은 휘장을 말한다. 내면에 비치는 존귀함의 절정이며 하나님의 임재를 상징한 것이다. 두 번째 덮개엔 견고한 놋고리 50개가 연결된 염소털로 짠 것으로써 고난 중에도 신뢰하는 소망이었다.

성막 출입분을 위한 휘장 역시 청색, 자색, 홍색 실과 가늘게 꼰 베 실로 수놓아 짠 것이다(출 26:36, 27:16). 휘장의 흰 색깔에 관해서는 간략하게 역대하 3장 14절에서 발견될 뿐이다. 고운 아마(세마細麻)실로 기록하고 있다. 아마도 솔로몬의 감독하(대하 2:7, 14절)에 숙련공으로서 베 실 다룸이 매우 뛰어난 직공이었을 것이다. 따라서 휘장은 고운 아마를 원료로 사용했음에 틀림없으며 지성소에 있는 그룹의 배경도 백색이었음을 알 수 있다. 또한 모세에게 명했던 제사장의 의복(출 28:6 에봇) 역시 금색, 청색, 자색, 홍색실과 가늘게 꼰 베 실로 정교하게 짓도록 하였다.

이것은 장차 오실 메시아를 상징하는 예표로 그분의 지극하신 속성을 의미한다. 그리스도께서 왕 되심(자색)과 그분의 보혈과 구속하심(홍색), 생명의 거룩성과 공의(흰색) 및 천국의 영원하신 성자 하나님(청색)으로 묘사했던 것이다. 즉 용서와 구원과 천국의 문이신 예수 그리스도를 확신하는 생명의 문이었다. 성막 전체에서 두 칸막이에 대한 설명으로 지성소의 언약궤 앞에 있는 즉 성소와의 분리된 '차단막'(פָּרֹכֶת paroket, a veil 출 26:33)과 성소의 문으로서 역할을 하는 칸막이 '휘장'(מָסָךְ masak, the screen 출 26:37, 27:16 참고)이 설치되어 있으므로 둘은 서로 다르다. 하나는 차단막(veil)인 것이다. 즉 지성소 앞 차단막에 수놓아진 천사의 문양은 언약궤 덮개 위에 있는 그룹(천사)들을 미리 보여주는 것으로 지성소의 문을 표시하는 의미였다. 그뿐인가. 사도 요한이 성령에 감동하여 보았던 하늘 보좌 위에 앉으신 이의 모양(계 4:2~3)이 벽옥과 홍보석 그리고 녹보석 같다고 증거하지 않았는가!

성경에서는 모름지기 붉은 색과 흰 색상이 으뜸으로 눈에 시리다! "오라, 우리가 서로 변론하자 너희 죄가 주홍 같을지라도 눈과 같이 희어질 것이요 진홍 같이 붉을지라도 양털 같이 희게 되리라"(사 1:18). 라합의 창문에 매달았던 붉은 줄(수 2:18, 21), 그리고 신약의 계시록 3장 5절 "이기는 자는 이와 같이 흰 옷을 입을 것이요… 그 이름을 내 아버지 앞과 그의 천사들 앞에서 시인하리라"와 일맥상통한다.

(5) 시편과 이스라엘 절기 제의

이스라엘 공동체의 '절기'(מוֹעֵד 모에드 혹은 חַג 하그, 축제)는 구속사

가운데서 중요한 사건들을 기념하기 위해 지키는 정기적인 의식을 말한다. 대부분의 절기 시편에선 이스라엘 민족의 축제와 감사를 담고 있다. 여기서 예배 절기의 기원에 대해 서술하지는 않겠다. 다만 이스라엘의 3대 절기와 시편의 찬송이 어떻게 연관되어 있는지 찾아보고자 한다. 이스라엘 민족의 종교 달력에는 그믐과 월삭, 안식일과 같은 성일을 수록하고 있다. 이는 이탈리아 달력에 로마가톨릭교의 성인들을 매일 수록해 놓은 방식과 비교된다고 할 수 있다. 특별히 관심을 모으는 것은 3절기의 연례축제이다. 시편 제의에서 공동체 예배의 대부분의 배경이 3절기 때의 축제 참여에 나타난다. 예배 참여자들은 예물 봉헌, 기도, 찬양 등과 같은 개인적인 의무도 행하였다. 그러나 개인으로 끝나는 것이 아닌 언제나 예배공동체와 연결된 섬김이었다.

유월절은 이스라엘 민족의 목회적인 축제로서 고대 가나안 족속의 농경축제와는 전혀 관련이 없다. 즉 출애굽 사건을 기억하며 애굽왕 바로에게서 구출된 것을 기념하는 절기이다. 이 절기는 무교절과도 연결되며 7일간 계속한다. 무교절 동안에 보리 한 단이 다른 제물처럼 여호와 앞에 드려졌다(레 23:9~14 참고). 햇곡식으로 누룩을 넣지 않은 빵만을 먹어야 했다. 이 절기 동안 오직 여호와께만 지켜지는 축제(출 23:14)인데 이방의 신화와는 무관한 것이다.

칠칠절은 추수축제(출 23:16)이다. 이 절기는 맥추절(출 34:22)이라 불린다. 사도행전 2장에서 오순절로 알려진 그날이다. 칠칠절은 본래 하루의 축제였다. 하지만 후대에 확대되어 7일 동안의 절기로 지키게 된다(민 28:24 참고). 축제기간 동안에는 동물의 희생제사가 드려지고 밀의 첫 수확이 하나님께 바쳐지는 기쁨의 절기였다.

장막절은 제의 월력에서 마지막 축제 절기이다. 이스라엘 역사에서 가장 신성시했던 위대한 히브리인의 축제로 간주되었다. 구약 성경 가운데 가장 먼저 나오는 축제 목록에 수장절(출 23:16)이라 표현하였고, 사사기 21장 19절에는 여호와의 절기라고 불렀다. 이는 초막의 절기로서 그 해 마지막에 개최되는 유일한 순례의 축제였다(삼상 1:3, 21). 장막절의 다른 면모는 매 7년마다 드렸던 하나님과 계약 갱신(신 31:10)의 절기이기도 하다. 곧 시내산 언약을 회고하며 이스라엘 백성들과 축복의 언약을 맺는 등 불순종에 대해선 저주의 위협 아래 놓이도록 재연했으며, 예루살렘과 다윗 왕조를 구별하여 세우는 선택도 포함되어 있었다.

한편, 시편 제5권에 속하는 시 113~118편을 서로 연결되는 할렐루야 시편으로 일컫는다. 시편의 작품 형식이 첫 행에서 할렐루야로 시작하여 맨 마지막에 할렐루야로 끝나기 때문이다. 바벨론 포로귀환 이후, 유대인들은 유월절기를 지키면서 할렐루야 시편을 명절 때마다 암송하였다. 시 113~114편은 유월절 식사 전에 부른 찬송이며, 115~118편은 유월절 만찬 후에 부르는 찬송이다. 하나님은 이스라엘 민족의 하나님이면서 모든 민족 위에 높으신 여호와의 이름으로 구원을 이루신다. 시 113편은 같은 길이의 3연으로 구성되어 각 연마다 3행으로 이루어진 9행시이다.

할렐루야 여호와의 종들아 찬양하라 여호와의 이름을 찬양하라

여호와는 모든 나라보다 높으시며 그의 영광은 하늘보다 높으시도다

여호와 우리 하나님과 같은 이가 누구리요 높은 곳에 앉으셨으나

스스로 낮추사 천지를 살피시고 (시 113:1, 4~6)

구약의 유월절 음식은 예수그리스도의 성육신과 깊은 관련을 맺고 있다. 그리스도의 낮아지심은 자신을 낮추셔서 천지를 살피신다. 가난한 자와 궁핍한 자를 살피시고 목자로서 자기 백성을 돌보시는 분이시다. 이 노래는 최후의 만찬 때 예수 그리스도와 제자들이 다락방에서 불렀던 찬송이기도 하다(마 26:30; 막 14:26 참고). 시편 독자들이 알고 있는 것처럼 우상은 낮아질 수 없다. 그 만든 재료가 철과 금속과 나무이기에 기술자의 수공품에 지나지 않는다. 우상들은 존재 그 자체가 죽어있기에 ① 속죄의 은총이나 ② 언약을 공동체에 채우는 능력이나 ③ 열국을 다스리는 하나님의 영광에 이르지 못한다.

여호와는 하나님이시라 그가 우리에게 빛을 비추셨으니

밧줄로 절기 제물을 제단 뿔에 맬지어다 (시 118:27)

위의 절에서 희생제물은 거룩한 절기라는 의미를 가진다. 따라서 '절기'의 노래는 각 절기를 기념하는 축제와 그 분위기를 연상할 수 있다. 성전에 올라가는 노래 역시 절기를 맞아 대화체로 지어진 순례시이며 이스라엘 예배자들의 화답으로 채워져 있다. 특히 순례절기는 농목업에 기반을 둔 태양력에 의해 산정된 공동적인 세 절기, 유월절(무교)

과 칠칠절(오순)과 장막절(수장)에 한정되었다. 반면 안식일과 월삭과 같은 때는 태음력에 기초하여 지켰다. 그 외 안식년과 희년이 있었다. 이러한 절기들은 가족과 공동체와 성전 순례, 제의, 공동 식사를 포함하였다. 거기에는 일반적인 순례 행진, 찬송, 그리고 피리와 춤을 동반한 잔치가 베풀어졌다(시 107:27).

시 107편은 모두 4연으로 구성된 감사를 함축하고 있다. 각 연이 끝날 때 인상적인 후렴구를 두어 시상의 발전을 순서대로 제시한다. 그러나 때로 하나님께서는 절기의 성회와 희락을 미워하며 희생제마저도 돌아보지 않으시며 그분의 정의가 강같이 흐르기를 소원하시기도 했다(호 2:11; 암 5:21~24 참고). 시 81편은 저자 아삽을 통해 이스라엘 축제와 연관된 하나님의 강화를 표현하였다. 본문에 나오는 소고, 수금, 비파, 나팔 등의 악기들을 근거로 장막절 기념이라고 불리기도 한다. 한편 6~8절에 출애굽 당시의 이야기를 언급함으로써 유월절 기념시로 알려져 있다. 전반부는 절기를 맞아 백성들에게 각성할 것을 촉구하는 찬양시이고 후반부는 절기를 맞아 순종의 삶을 강조하는 교훈시 형식이다. 시 67편은 땅이 그의 소산을 내어주었으므로 추수 이후의 장막절 기념시로 낭송되었다. 67편을 배경삼고서 한국의 많은 교회들이 추수기의 기쁨으로 하나님께 감사제를 올린다.

땅이 그의 소산을 내어 주었으니 하나님
곧 우리 하나님이 우리에게 복을 주시리로다
하나님이 우리에게 복을 주시리니

땅의 모든 끝이 하나님을 경외하리로다 (시 67:6~7)

온 백성과 민족들과 나라들과 땅 끝이 하나님을 경외하며 찬송하는 것을 보면 본 텍스트는 구약에서 선보이는 세계선교 시편이기도 하다. 또한 126편은 초막절 배경 하에 확신에 찬 고백을 들려준다.

눈물을 흘리며 씨를 뿌리는 자는 기쁨으로 거두리로다
울며 씨를 뿌리러 나가는 자는 반드시 기쁨으로
그 곡식 단을 가지고 돌아오리로다 (시 126:5~6)

종합 결론

시편에는 하나님의 위대하신 성품과 친히 행하신 구속사를 찬송하는 표현들로 수미쌍관을 이룬다. 이스라엘의 여호와 하나님은 백성들을 보호하시며 인애를 베푸셔서 시편의 예배자들은 하나님을 신뢰하며 메시아의 왕권을 기대하면서 감격해 마지않는다. 전체 150편 중 저자가 밝혀진 시편은 모두 101편이다. 그 가운데 다윗의 노래(일흔세 편), 아삽의 노래(열두 편), 고라 자손(열한 편), 솔로몬(두 편), 모세를 위시한 헤만과 에단이 각각 한 편을 지었다. 나머지 편수의 저자는 기록되지 않았으나 마흔아홉 편 중 다윗의 작품이 대부분일 것이라 추정하고 있다. 다윗의 일생은 한 편의 드라마와도 같이 파란만장한 삶을 연출해준다. 평생토록 겪은 수많은 질곡의 순간마다 하나님을 향한 탄원과 감사가 끊이지 않았다. 그의 기도가 곧 시로서 승화되었고 음악(연주)이 되어 오늘날 시편 독자들의 가슴에 전해지고 있는 것이다. 이것이 시편이 나타내고자 하는 정서의 진면목이자 표현이다.

다윗의 시작詩作은 논리적이지 않다. 그의 작품들은 체계적이라기보다 오히려 감정에 솔직하며 인간의 정서를 깨워 하나님께 기도하며 성호를 찬양하는 데 목적이 있다. 이러한 시편을 대상으로 지나치도록 분석하거나 이스라엘 공동체의 자발적이고도 선명한 신앙을 과도하게 침해해서는 아니 될 것이다. 고요히 묵상하며 그 의미를 산책하는 영성의 흐름을 자연스럽게 받아들여야 한다. 시편에 표현된 저자들의 언어는 신앙과 신성한 정서를 나타냄에 있어서 현실적인 메시지들로 엮여져 있다. 시편의 언어는 그 표현과 이미지에서 매우 상징적이다. 시문의 리듬과 형태와 유형들은 시적 생명력인 은유로서 유지된다. 기록의 기쁨을 내적인 성령님의 도움으로 누리고 있는가 하면, 때때로 마음의 상실과 균열로 인해 경험하게 되는 삶의 자리에서 허덕이기도 한다. 불행과 영광이 교차하는 인간 실존의 깊은 내면에서 우러나오는 아우성이 순식간에 반전되어 찬양으로써 하나님의 공의를 따르기에 이른다. 시문의 곳곳에 살아 계신 하나님의 손길이 닿는다.

그렇다. 시편은 신구약 성경의 본거지를 이루는 히브리어 시문학의 성소이다. 이 기도의 책은 오직 하나님의 방법으로 이스라엘의 예배공동체를 만나는 공간이요 사건이며 시간이다. 시편 저자들은 제 각기 그들이 처한 정황에서 하나님을 예배하고 체험하며 애탄하고 감사드린다. 이렇게 몸과 마음으로 드리는 산제사의 한복판에 참된 성소가 있는 것이다. 곧 예루살렘 성전이며 동시에 하나님이 친히 택하신 시온이 자리 잡고 있지 않은가. 마치 시편이 신구약 성경의 가운데 놓여있는 것처럼…

시편의 운문적인 표현은 고대 히브리인 전통의 시학이기 때문에 현대시와는 그 궤적을 달리한다. 시문학으로서의 시편은 5축軸(Megiloth 다섯 두루마리)이라 칭하는 룻기, 아가, 전도서, 예레미야 애가 그리고 에스더와 함께 성문서집(케투빔)에 수집되어 있다. 시편의 시학적인 존재감은 하나님의 말씀으로서 백성과의 상호 코이노니아를 형성한다. 각 시편의 문학유형을 따라 현대시보다 훨씬 고양된 신앙의 형상화로 가득하다. 그 탁월한 음악성까지 성령으로 감동되어 영원한 연주로 올려진다. 이것은 오늘날 교회가 신앙공동체로서의 예배의 기원이 된다. 나아가 이스라엘의 고유한 히브리 문화와 신앙에서 유래된 운율을 담고 있다. 시편의 운율은 시를 조직화하는 역할을 쉬지 않는다. 정형시의 틀에서 조직화하는 리듬이 따른다. 시편에 묘사되는 단어나 구절에 관한 리듬 연구와 운율 사용의 전문적 기능은 계속되어야 할 것이다. 또한 이미지의 활용에 있어 단어와 문장, 단락에서 신앙의 개념이나 관념을 문자로만 서술하기에는 불가능하다. 오히려 그림(심상)의 표현이 더욱 구체적이며 선명할 수 있다. 그 형상화는 현대가 아닌 고대 이스라엘의 공동체에서 비롯된 삶의 자취이며 문화와 관습에서 싹이튼 것들이다.

시편은 기본적으로 공동체가 표현하기 원했던 이미지들이 들어있으며 노래이기 이전에 시(poem)였다. 히브리어 본문이 운율과 리듬과 더불어 이미지를 갖는다는 기초를 놓쳐서는 아니 된다.

① 되울림을 들으며 평행법(parallelism)이라는 전문용어와 소통해야 한다. 시문에서 비슷한 문맥을 두 차례 대구 형태로 표현하는 방법으로 단순한 반복이 아닌 문장 안에서 작은 반전을 보여주는 예이다. 본문의 내용을 한층 공감공유하게 함으로써 본래의 뜻을 강조하는 수단으로 쓰이는 것이다. 대개 둘째 행이나 셋째 행은 첫 행과 대구를 이루거나 첫째 행과 무리 없이 맞부딪혀 연결되기도 한다.

② 이미지에 주목해야 한다. 시는 생생한 표현 형식이다. 시는 심상(Image)과 은유(metaphor)를 즐겨 사용하며 하나의 이미지가 상상력을 불러일으키기 때문이다. 독특한 이미지 하나가 수천 마디 산문보다 함축적일 수 있다.

③ 시詩를 가리켜 언어 예술이라 함에는 이유가 있다. 독자들은 시편의 언어와 친숙해져야 한다. 시에다 유화나 수채화나 묵화 등의 그림을 그려 넣거나 혹은 사진들을 가미할 수 있으나 그렇게 하면 시의 가치를 한결 떨어뜨리게 된다. 언어만으로써 시를 시답게 짓는 것이 시의 본령이며 개성이다. 시편의 저자들은 일상의 언어로써 매우 작은 단어로 많은 것을 말했다. 곧 이미지 표현법을 사용하여 짧게 직설적으로 말했던 것이다.

④ 시편은 경험의 언어이며 최상급 경건의 언어이다. 순수한 감정으로 느끼며 경험을 나눠야 한다. 히브리 시문을 통한 인상적인 느낌이 구체적이고도 생생한 신앙의 문제로 발전하며 체험되는 감정들로 풍부하다. 감정세계는 삶에 대한 새로운 이해로 전개되며 그것을 고백하

지 않고는 견딜 수 없는 체험을 통해 기록되는 것이다. 노래에는 개인이든 공동체이든 그 말씀 속에 절실함, 즉 구체적인 감정의 언어표상이 삶에 대한 깊은 통찰을 담아내는 표현으로 열린다. 시편은 사람이 썼지만 하나님을 향해 올리는 말이거나 백성들에게 여호와 하나님을 바라라고 요구하는 운문이다. 그러나 독자들은 이러한 계시의 내용들을 하나님이 우리에게 하시는 말씀으로 읽게 된다.

그러므로 본 단원의 표현과 이미지는 차세대를 위한 선교문학의 시대를 열어갈 것이라 예견한다.

IV

제의시 유형의
다양성

The Expression & Images of the Psalms

1. 히브리인의 시정신

저자들은 열조들에게 나타난 구속사와 현실 속에서 하나님의 손길을 기다리는 경이로운 발상으로 시편의 이미지들을 모았다. 시편 속에는 히브리인의 민족정신과 생의 구심점이 뚜렷하게 표현된다. 순례자의 찬양과 탄식자의 감사야 말로 시편의 시정신에 나타나는 구체적인 요소이다. 이러한 것들이 저자의 신앙 깊은 영혼을 통해서 경건한 리듬으로 살아나고 있다. 그들은 하나님께서 인간에게만 부여했던 고귀한 정서(① nephesh 23:3, 103:1, 143:6 ② ruah 51:12, 142:3 ③ leb/ab 84:5, 90:12, 101:2 등)를 잘 개발하여 만물의 초점을 하나님께로 몰입시킨다.

프로이센에서 출생하여 18세기 후반 독일의 대표적인 신학자이며

문예 비평가였던 요한 고트프리트 헤르더(Johann Gottfried von Herder)
는 『히브리시의 정신』(The Spirit of Hebrew Poetry)에서 히브리시는 "온
화하고 부드러운 정서의 물결로써 고요하고 잔잔한 심령에 그 파문을
이룬다."고 경탄해 마지않았다. 그는 요청하기를 히브리 시를 묵상할
때, 먼저 독자 자신의 사고방식과 선입견을 버리라고 말한다. 이어 상
상력으로써 자신을 고대 이스라엘의 족장과 선지자의 입장에 놓이게
하고, 그들의 사고와 감정을 이해하며 그들이 세상을 본 그대로 보며
느끼며 흡수하고 표현하라고 종용하였다. 하지만 이 영적인 노래의 조
건은 시적 자질과 종교적 생명에 있으며 오직 하나님의 영으로부터 오
는 것이어야 한다.

> 하나님이여 내 속에 정한 마음을 창조하시고
> 내 안에 정직한 영을 새롭게 하소서 (시 51:10)

진실과 단순함 그리고 히브리 시문을 묵상함으로 구원의 즐거움에
참예하며 자원하는 심령이 새롭게 되는 결실을 맺어야 한다. 시편 독자
들은 히브리어 시문에 대한 취향을 일깨우고 소중히 여기면서 여전히
고전적인 작품들을 산책해야 할 것이다.

이상의 것을 요약하면 ① 히브리인의 서정(lyrics) ② 하나님을 향
한 공동체 구성원 ③ 성령의 적극적 감동으로 말할 수 있겠다. 다윗은
그의 시를 '이스라엘의 노래'(삼하 23:1)라 했고, 고라 자손은 여호와의
교훈과 말씀의 계시를 '여호와의 노래'(시 42:9, 137:4 참고)라고 묘사했

다. 이와 같이 시편은 종교적 특성만을 지닌 시가 아니라, 바로 그 자체가 성스러운 노래이다. 정서적 감동(영감)으로 이루어졌기 때문에 제의 시 시편 사용의 가능성이 인정되는 것이다. 하여 감동 작용이 파괴되지 않는 한 다양한 형태로 나타난다. 때로는 자연 예찬이 나오긴 하나, 이러한 시는 어디까지나 자연 속에 섭리하시는 하나님을 찬양하도록 만든다. 따라서 시편은 묵상하면 할수록 마치 성찬의 진미처럼 그 아름다운 신앙의 가치에 매료되는 것이다.

2. 신앙공동체 의식

이스라엘 공동체는 주전 15세기경 출애굽으로부터 시내산에서 언약을 맺으면서 하나의 공동체로 형성되기 시작했다. 이 공동체는 셈족 가운데서도 히브리 민족이었으며, 민족의식뿐만 아니라 신앙의 공동체로 발전하게 되었다. 그러나 이스라엘 역사를 살필 때, 좀 더 명백히 나타나기는 백성들이 가나안 땅에 정착한 이후 처음으로 조직화되고 완전한 공동체를 이루었다. 곧 '12지파 동맹'이다. 이들의 공동체 의식은 첫째, 사회 환경적 동기(열악한 환경에서도 이방 문화로부터 히브리 민족의 순수성 보존) 둘째, 정치적 동기(외세 침입의 방비) 셋째, 종교적 동기이다. 세 번째의 중요한 목표는 여호와를 중심한 신앙공동체(출 19:3~6)로서의 유일신 신앙을 고수했는데, 이는 후손들을 통하여 전수되었던 선민의 신학사상이었다(신 6:21~23).

이러한 공동체 의식은 시편 가운데서 애가와 감사 표현에서, 어떤

시편에선 그 주어가 복수로 나타나고 있다(시 44:7~8). 혹은 "이스라엘
은 이제 말하기를"(시 124:1, 129:1)에서와 같이 하나님의 백성의 이름
이 하나로 쓰이기도 한다. 이렇게 제의 중심의 이스라엘은 여호와의 말
씀을 듣고 순복하는 공동체요. 찬양하며 축복을 기다리는 공동체였다.
공동체적 성격이 두드러진 시편은 그 단락의 형식과 문법적인 면을 고
려하여 알 수 있다. 다음에 열거하는 제유형론에서 공동체시와 개인시
를 분리하지 않고 그 형태적인 구성을 살펴보고자 한다.

3. 시편의 제유형

시편의 유형 연구는 각 편의 표제 '다윗의 시'(לְדָוִד שִׁיר 시르 레다빗 a
Psalm of David)와 관련된 고등비평의 문제(성경본문에 관한 역사적 자료와
신학 및 양식의 문제들에 관심을 두며 저자, 연대 등을 비평하는 방식)에서 시
작되어 그 문학적 유형까지 취급하기에 이르렀다(헤르만 궁켈 이전의 로
버트 로우드에 의해 시초됨). 필자의 유형 관찰은 각 유형의 원천이나 형
태가 명확하게 정의된 문학 단위들을 정돈하여 분류하려는 것은 아니
다. 시편의 유형이 얼마나 광범위한지는 시편에 조금이나마 관심을 가
진 독자는 익히 아는 바이다. 이처럼 풍부한 유형을 면밀히 정리하기란
여간 어려운 일이 아니며, 시편이 결코 그런 류의 연구대상은 아니다.
오직 시편 내에서 여러 종류의 영감과 기도들의 특성을 고려하여 큰 구
분선을 긋는데 의의가 있다 하겠다. 그러나 이러한 유형 소고는 시편
연구에 있어 간과되어서는 안 될 시금석과도 같다.

유형 연구의 근거는 시의 평행법(parallelism)과 운(rhyme) 그리고 리듬 등 일반 시문학의 형태론에서 수용한 것이었다. 이에 궁켈은 역사적이며 문학적인 측면에서 새로운 방법을 착안해 내어 작시에 관한 역사적 환경과 문학의 배경을 유형연구의 대상으로 삼았던 것이다. 그런데 궁켈은 구약의 양식비평에 있어 창세기(산문)와 시편(시문)을 각각 택하여 히브리인들의 역사 속에서 경험했던 「Sitz im Leben」(삶의 자리)에서 여실히 묘사된 문학형태에 관심을 모았던 것이다. 다시 말하면 그들이 감사의 내용을 표현하기 위해선 그러한 감사의 자리를 나타내기에 적합한 문학형태를 사용하였고, 또한 애원의 내용을 표현하기 위해선 그러한 삶의 자리와 주제를 나타내기에 편리한 문학형태를 취하였다는데 근거를 두어 양식사적 연구를 전개했던 것이다.

그는 각 시편마다 생활의 정황과 거기에 따른 표출 형식이 밀접히 연결되어 있음을 인정하고 그들 공동체의 제의 생활과 결부시켰다. 이러한 그의 시도는 식물의 형태로 보아 그 식물이 속한 과와 종을 알 수 있듯이 시편의 형태적 특징으로서 그 시가 산출된 삶의 자리와 문학적 배경을 이해하는 데 일조하고 있다.

종합 분류

보다 종합적인 평가는 하젤 블록에 의해서 검토되어졌다. 그 역시 형태 분류의 방법을 적용하여 내용에 의한 것과 기능에 의한 것 두 가지를 제시한다.

첫째, 내용에 있어 사무엘 드라이버(Samuel Rolles Driver)의 일곱 가지 규정(rubrics based)을 논급한다.

① 다방면에 나타난 신의의 명상들 (시 8, 33, 36편 등)

② 하나님의 도덕적 통치의 반영 (시 1, 34, 90편 등)

③ 하나님의 임재에 나타난 신앙, 복종, 기쁨의 표현들 (시 16, 121, 139편 등)

④ 저자의 환경을 밝히는 시편들 (시 3~7, 9~10, 30편 등)

⑤ 국가적인 공동체 시편 (시 14, 44, 124~126편 등)

⑥ 역사적인 배경의 시편 (시 81, 105~106, 114편 등)

⑦ 제왕들과 왕권의 시편 (시 2, 18, 101, 110편 등). 이상의 것이 비록 포괄적인 것은 못될지라도 유용한 것임에는 틀림없다.

둘째, 기능상의 조직에 대해선 헤르만 궁켈을 논의한다. 궁켈의 분류 방법은 전술한 시가의 타입은 각 장르의 기원이 된 「삶의 자리」에 초점을 두고서 특별한 정황에서 인증해 내는 것이다.

① 찬송의 시 ② 공동체 애원의 시 ③ 개인 경건의 시 ④ 감사 예물의 시 ⑤ 개인 애원의 시 ⑥ 제의 참여의 시 ⑦ 제왕의 시.

또한 홍반식 교수의 강론은 시편의 명칭(표제, 시 16, 30, 45, 51, 120~134, 145편 등)과 조직에 따라 각각 분류할 수 있다고 하였다. 그 외에 메시아 기대사상 및 저주와 율법과 지혜에 관해 널리 인정된 시편들이 건재해 있다.

(1) 찬양시(찬미)

시편이 히브리어로 '테힐림'(תְּהִלִּים Tehillim 찬양)이라는 이름을 가지게 된 것은 구약 성경 가운데서도 정곡을 찌르는 제목이다. 혹은 '미즈모르'(מִזְמוֹר mizmowr)라 칭하여 시편에서 57회나 표제로 사용되며(시 3; 8; 11; 19; 48; 67; 83; 87~88; 92편 등) 시편 이외의 구약 어느 곳에서도 나타나지 않는다. 구약의 헬라어 70인역(LXX)에는 시편의 명칭을 미즈모르라고 하였다. '쉬르'(שִׁיר shir) 역시 노래라는 뜻이지만 때에 따라 미즈모르와 같이 쓰이기도 한다. 시편의 각 권에서 보면, 제 1~3권에는 예배의 노래로서 애가나 애원시(탄식) 유형이 많이 나오지만 4~5권에는 거의 찬양시가 등장한다. 이러한 흐름은 결코 우연이 아니다. 이는 시편의 편집과 관련한 의도적인 것으로 생각된다. 다시 말하면 찬양은 시편 전체가 지향하는 목표이기 때문이다. 각권의 마지막에 불리어지는 송영이나 거듭되는 찬양은 이러한 사실을 반영한다. 예를 들면, 시 41:13, 72:18~19, 89:52, 106:48, 146~150편(할렐루야 시편)이 상기한 목표의 종착지를 대변해주는 구성임에 틀림없다.

이에 일반적 유형은 명령형 복수로서 환희와 찬양에의 권고로 시작된다. '찬양하라'(הַלְלוּ hallelu, 시 106:1, 112:1, 113:1, 135:1), '악기로 찬양하라'(זַמְּרוּ zammaru[make melody], 시 33:2, 105:2, 149:1), '새 노래로 노래하라'(שִׁירוּ שִׁיר חָדָשׁ shiru shir hadash), 시 33:3, 96:1, 98:1, 149:1), '송축하라'(בָּרְכוּ baruch 시 66:8, 96:1, 134:1~2) 등이 있으며 명령형 1인칭 복수로 시작될 때도 있다(시 34:4, 76:13, 95:1~2,

118:24). 또한 2인칭(시 9:6~13, 92, 99, 104, 135, 145편)과 3인칭(시 29:1~21, 95:1~7, 96, 98, 103, 145편)의 형식으로 나타나기도 한다. 궁 켈에 의하면, 이 모든 시는 처음에 제의시와 관련되어 합창이나 독창으로 불리어지다가 공동체의 생활 속에까지 들어가 경건한 개인의 노래로 변화되었다고 보았다.

베스터만(Claus Westermann)은 시편의 양대 산맥이 찬양과 애원으로 구성되어 있음을 찾아내었다. 개인적 애가와 공동체의 애가는 여호와 신앙에 대한 철저한 맹세들로 나타난다. 하젤 블록은 시편에 나타난 찬양시의 분포를 아래와 같이 찾아내었다.

[표 2] 시편의 찬양시 분포

1권 (1~41)	2권 (42~72)	3권 (73~89)	4권 (90~106)	5권 (107~150)
4	4	0	0	13

위 표에서, 찬양의 범주가 시편의 후반부에서 더욱 두드러지게 나타남을 알 수 있다. 찬양시 역시 두 가지 주제로 구분됨은 조건적 찬양과 선포적 찬양으로 대별할 수 있다는 점이다(감사 시편에서도 동일한 이중 구조를 찾아낼 수 있다). 전자의 조건적 찬양은 자세한 설명이 부가되어야만 한다. 후자는 '여호와를 찬양하라'(הַלְלוּיָה halleluyah)라는 명령어 및 여호와의 뜻을 가진 단축형 '야'(יָהּ yah)를 합한 합성어이다. 여기서 왜 여호와를 찬양해야 하는지에 관한 이유는 생략된다.

내 영혼아 여호와를 송축하라
내 속에 있는 것들아 다 그의 거룩한 이름을 송축할 지어다
내 영혼아 여호와를 송축하며 그의 모든 은혜를 잊지 말지어다
(시 103:1~2)

이처럼 찬양시는 여호와에 대한 찬양으로 충만하다. 시편 저자는 하나님의 임재를 언제나 의식하고 있기 때문에 그의 찬양은 충일하기만 하다. 시 113편에서는 이중구조가 가장 뚜렷하게 나타나는 대표적인 기록이다.

여호와 우리 하나님과 같은 이가 누구리요
높은 곳에 앉으셨으나 스스로 낮추사 천지를 살피시고 (시 113:5~6)

보다 중요한 것은 이들 찬양 시편이 성전예배에 사용되었다는 점이다. 시인은 가장 먼저 하나님을 예배하라고 요청한다. 이 요청은 다른 예배자들에게도 하는 것이지만(시 103편 비교) 본인에게도 하고 있으며 간략한 명령으로 시작하기도 한다.

할렐루야, 여호와의 종들아 찬양하라
여호와의 이름을 찬양하라 (시 113:1)

하나님을 찬양하는 이유는 하나님의 추상적인 속성 때문에 찬송을 받으시는 것이 아닌 그의 백성을 개인과 민족 공동체의 삶에 들어와 역

사하신 까닭에 찬양 받으시는 것이다.

> 여호와여 주께서 행하신 일로 나를 기쁘게 하셨으니
> 주의 손이 행하신 일로 말미암아 내가 높이 외치리이다 (시 92:4)

> 새 노래로 여호와께 노래하라 그의 이름을 송축하며…
> 여호와께서는 하늘을 지으셨음이로다 (시 96:1, 5)

어떤 의미에서 이들 찬송 시편 단락은 성전시대의 찬송가로서 오늘날 현대적 교회 예배에 사용되는 의미의 찬송가와는 다르다. 시편은 이스라엘 공동체나 개인의 예배를 위한 책이었기 때문이다. 한편, 찬양시군에서 발견되는 주제의 범위는 매우 다양하다.

대략 다음의 네 가지로 세분하며 함축할 수 있다.

첫째, 창조주 하나님과 그의 피조세계

둘째, 신적 권능의 임재와 통치의 보편성

셋째, 구속사에 나타내신 기적의 행위를

넷째는 하나님께서 자신의 신실하심과 능력을 보여준 역사적 사건 (구원) 등이다.

그러므로 찬양시 그룹의 시문들은 창조 사역과 역사 속의 기사로 인해 여호와를 찬양하고 있음이 명백하다. 기본적으로 찬송은 형식에 의해서든지, 상기한 주제에 의해서든지 하나님을 찬양하며 그를 송축하는 까닭을 제시한다.

여호와여 주께서 하신 일이 어찌 그리 많은지요

주께서 지혜로 그들을 다 지으셨으니

주께서 지으신 것들이 땅에 가득하니이다 (시 104:24)

여호와께서는 자기에게 간구하는 모든 자

곧 진실하게 간구하는 모든 자에게 가까이 하시는도다

그는 자기를 경외하는 자들의 소원을 이루시며

또 그들의 부르짖음을 들으사 구원하시리로다 (시 145:18~19)

하나님의 구원하심을 읊조리는 대표적인 찬양시는 98편이다. 하나님은 우리의 구세주요 왕이시며 심판자이시며 전사이시기에 전체 9절을 읽어보는 것만으로도 금방 이해된다.

제1연(1~3절)의 주제는 그의 구원을 열방의 목전에 나타내셨음에 찬양하며 땅의 모든 끝이 하나님의 구원을 보았다고 선포한다.

제2연(4~6절)에선, 왕께 즐겁게 노래하기 위해 소리를 발하며 수금과 나팔, 호각과 음성으로 찬양할 것을 요청한다.

제3연(7~9절)에선, 바다와 세계와 거기 충만히 거하는 피조물들에게 고하고 있다. 여호와 앞에서 큰물과 산악이 박수하며 노래함과 이러한 세계를 공의로써 판단하며 백성을 공평으로 판단하실 것을 약속한다.

A. 특징

찬양시 유형은 이스라엘 시문의 근간을 이루고 있으며 미리암의 노래(출 15:21)와 여선지자 드보라의 노래(삿 5:2~3)로부터 신약의 마리

아의 노래(눅 1:46), 그리고 사가랴의 노래(눅 1:68)에 이르기까지 퍼즐처럼 읽을 수 있다. 그 특성은 아무런 청원이나 탄식이 없이 하나님을 영화롭게 하는 신중심적이고도 신심의 가장 순수한 표현인 것이다. 타 유형에서도 이러한 요소가 전혀 없는 것은 아니나, 찬양시 유형이야말로 구조상의 일관성을 이루고 있다.

B. 구조

대표적 찬양시 100 ; 104 ; 117편과 136편을 살펴보면 서두에서 여호와를 찬양할 것을 권유하고, 이어 명시된 대상과 더불어 찬양하게 되며 하나님의 현존을 체험한다. 본론에선 창조적 능력과 구원의 행동에 나타난 하나님의 주권과 속성 ① 거룩(시 98:1, 105:3) ② 공의(시 96:13, 111:3) ③ 선(시 27:13, 118:1, 135:3) ④ 인자(시 100:5, 103:8)를 찬양한다. 서두의 찬양 권유와 연결될 때는 문장 중에 키(히브리어 כִּי ki 도입, for/because)를 사용하여 찬양 또는 목적을 암시해 놓는다. 만일 서두(권유)가 없을 때는 고백적 형식으로 저자의 신앙을 선포한다. 종결부는 시상을 더욱 심화시켜 서원, 확신, 의지로 표현하며 단순히 서두의 반복(시 103 ; 104편 등)으로 끝맺기도 한다.

C. 할렐루야 시편

시작과 끝에 모두 할렐루야가 반복되는 순수한 찬양의 내용이 전달된다. 무엇보다 하나님의 위대한 영광에 대해 선포하며 하나님께서 베푸신 인자와 은덕을 찬미한다. 이 시편들은 매우 장엄한 문체로 표출되어 찬양하는 저자의 심금과 감사의 정을 반영해주고 있다. 이 시에서의 찬양은 점점 세계(crescendo) 고조되며 더욱 풍부하고 웅장한 합창으로 끝맺는다. 그러므로 절대주권을 갖고 역사를 주관하시는 하나님을 우주적으로 선포하는데 찬양시의 목적이 있다. 시편들은 성소를 중심으로(시 100; 132편) 제의의 절기(유월절, 칠칠절, 장막절)와 깊은 관계를 맺고 있던 것들이다.

(2) 애원시 (탄식)

애원 시편을 탄식시라고 칭함은 저자가 고난에서 벗어나기 위해 도움을 구하는 간구에서 비롯된다. 애가라고도 불린다. 이러한 시편들은 개인적인 것(시 102, 109, 120, 130, 140~143편 등)이 집단적인 것(시 33, 90, 123, 129, 132, 137, 144편 등) 보다 그 수효가 우세하다. 모빙켈은 '단수'(I-form)로 취급된 시를 연대적 성격을 띤 것으로 보고 '공동체적 성격'(We-form)에 포함시키고 있다. 따라서 그는 극소수의 질병시를 제외한 순전한 개인시는 없다고 결론짓는다. 개인적인 신심에서 표현되는 기도들이 국가적 성격을 띤 것으로 이해되어졌으나(시 22, 28, 78, 102편 등) 근본적으로 어느 시를 막론하고 양식상 유형은 동일하게 나타난다.

시편 저자의 부르짖음은 하나님께 상달되며 저자의 마음을 짧은 말로 쏟아 놓는다. 동시에 자신의 힘든 상황을 충분히 탄원한다. 탄원의 방향은 원수가 행한 일에 관해서 이야기하고 현재 처한 곤경을 토로한다. 마침내 불평을 멈추고 하나님에 대한 그의 완전한 신뢰를 선언하며 확신에 찬 노래로 심화시킨다. 다음으로 하나님이 개입하여 그를 건져 주시길 요청한다. 시편 저자는 대개 자신의 기도에 응답해 주신 하나님께 찬양을 드림으로 그의 탄식을 끝맺는다. 이 부분은 고난 중에서 나온 기도의 일부분으로써 서원으로 묘사되기도 한다. 이에 대해 베스터만은 저자가 기도하는 중에 하나님께서 그의 기도를 응답하시고 귀를 기울인 은혜라고 강조한다. 이런 응답을 통해 시편 저자는 한껏 찬양을 올리게 된다고 하였다. 그리고 개인적 애원시와 더불어 그것보다 짧은 형태의 머리말과 신뢰의 고백, 간구, 찬양에 대한 서원이 나타나는데 이스라엘 공동체가 어떤 곤경에 처해 있을 때 백성들이 하나님께 나아가 애원하며 비애를 표현하는 내용을 담고 있다는 것이다. 시편에서 애원시 그룹이 하는 역할은 저자의 자서전 전부를 들려주지 않고, 마치 책의 인덱스(index)와도 같이 자신의 영적 인격의 색인을 둔 것이라고 말할 수 있다. 비록 자서전의 핵심 내용을 섭렵하지 못했다하더라도 그 색인들을 통해 저자의 가치관이나 신앙관 및 존재 이유 등에 관해서 알게 되지 않던가!

애원시 그룹은 감사하게도 구약 역사서 전체를 읽지 않는다 해도 시편의 표현만으로써 하나님과의 관계에 있어 공백을 메워주고 있다. 저자로 하여금 탄식하게 만드는 정확한 이유가 모호한 경우도 있으나 베스터만이 제시한 공동체의 애원은 다섯 가지로 분류된다.

① 탄식의 대상 및 하나님의 도움을 간구하는 도입 문맥 ② 탄식(비판의 내용) ③ 신앙고백(시 46, 123, 126편에서는 길게 서술됨) ④ 간구 ⑤ 찬양에 대한 서원(공동체 애가에서는 서원이 생략되기도 함)

한편 개인적 애원은 여덟 가지로 제시했다.

① 탄식의 대상 및 도입 문맥 ② 탄식 ③ 신앙 고백 ④ 간구 ⑤ 응답에 대한 확신(의지) ⑥ 하나님의 개입하심과 간구 ⑦ 찬양에 대한 서원 ⑧ 응답하신 하나님을 찬양

모든 애원시 그룹이 위의 요소를 다 갖추지 못하며 순서 역시 반드시 정해져 있지 않다. 단 애원과 탄식의 까닭은 어김없이 고정 표현된다.

내 하나님이여 내 하나님이여 어찌 나를 버리셨나이까
어찌 나를 멀리하여 돕지 아니하시오며
내 신음소리를 듣지 아니하시나이까
내 하나님이여 내가 낮에도 부르짖고 밤에도 잠잠하지 아니하오나
응답지 아니하시나이다 (시 22:1~2)

우리가 알기에는 유기(dereliction)에 대한 부르짖음이다. 시 22편의 고뇌에 찬 정점은 버림받은 예수 그리스도에게서 성취된다. 이는 본질적으로 그리스도가 십자가에서 부르짖은 내용과 동일하다. 어떤 인간 존재도 지상의 마지막에 이러한 애탄을 외칠 수는 없을 것이다. 시 22편에서는 대적에 대한 불평을 계속한다.

나를 보는 자는 다 비웃으며
입술을 비쭉이고 머리를 흔들어 말하되
저가 여호와께 의탁하니 구원하실걸,
저를 기뻐하시며 건지실 걸 하나이다 (시 22:7~8)

많은 황소가 나를 에워싸며

바산의 힘센 소들이 나를 둘렀으며

내게 그 입을 벌림이 찢고 부르짖는

사자 같으니이다 (시 22:12~13)

나는 벌레요 사람의 비방거리요 백성의 조롱거리니이다 (시 22:6)

위 6절에서, 마침내 그의 탄식이 자신에게로 향한다. 이러한 문맥은 시편 38편에서도 발견된다. 즉 하나님께로 향한 불평이 다시 대적과 자신에게로 전개됨을 볼 수 있다. 다윗은 시 41편에서 자신과 대적에게 고발하며 하나님께는 침묵한다.

주의 화살이 나를 찌르고

주의 손이 나를 심히 누르시나이다

내가 피곤하고 심히 상하였음에

마음이 불안하여 신음하나이다

주여, 나의 모든 소원이 주 앞에 있사오며

나의 탄식이 주 앞에 감추이지 아니하나이다 (시 38:2, 8~9)

내가 말하기를 여호와여 내게 은혜를 베푸소서

내가 주께 범죄하였사오니 나를 고치소서 하였나이다

나의 원수가 내게 대하여 악담하기를

그가 어느 때에나 죽고, 그의 이름이 언제나 없어질까 하며…

내가 신뢰하여 내 떡을 나눠 먹던 나의 가까운 친구도

나를 대적하여 그의 발꿈치를 들었나이다 (시 41:4~9)

애원시 가운데는 질병에 관한 기도와 대적자(원수)들에게 적용되는 그룹이 나타난다. 예를 들면, 시 38, 41, 88편이 이러한 범위에 속한다. 박해와 고발에 대한 기도 그룹도 찾을 수 있다(시 3~5, 7, 11, 17, 23, 26~27, 57, 63편 등). 대적자들의 고발이 영육의 고난을 불러일으키기는 하지만 결국엔 참소이며 거짓말이었음이 드러난다.

나의 대적, 나의 원수된 행악자가

내 살을 먹으려고 내게로 왔다가 실족하여 넘어졌도다 (시 27:2)

나를 보러 와서는 거짓을 말하고 그 중심에 간악을 쌓았다가

나가서는 이를 광포하오며 (시 41:6)

하나님이여 침묵하지 마소서… 조용하지 마소서…

말하기를 가서 저희를 끊어 다시 나라가 되지 못하게 하여

이스라엘의 이름으로 다시는 기억되지 못하게 하자 하나이다…

그들은 엔돌에서 패망하여 땅에 거름이 되었나이다…

그들이 말하기를 우리가 하나님의 목장을

우리의 소유로 취하자하였나이다 (시 83:1~12)

베스터만에 의하면, 다윗의 저작을 통해 이러한 불평과 슬픔의 표

현을 찾을 수 있는데, 1권에서는 공동체 시편이 언급되지 않으며 주로 2~5권에 공동체 시편이 분포되어 있다고 주장한다. 후자엔 전반적으로 국가적 공동의 의식이 시편 창작 속에 인식되고 있는 것이다.

마지막으로 죄인으로서의 기도시가 존재한다. 이 분포가 논쟁의 말미가 되기도 하지만 시 51편과 130편이 포함된다. 우리가 동의하기엔 초기 교부시대에는 이 두 시편을 7대 회개시 그룹(시 6, 32, 38, 51, 102, 130, 143편)에 포함시켰던 것이다. 다음엔 질병으로 인해 고난 받고 있는 탄원(애가)에 대한 소개이다.

> 가난한 자를 보살피는 자에게 복이 있음이여
> 재앙의 날에 여호와께서 그를 건지시리로다
> 여호와께서 그를 지키사 살게 하시리니…
> 여호와께서 그를 병상에서 붙드시고
> 그가 누워 있을 때마다 그의 병을 고쳐 주시나이다 (시 41:1~3)

시편 독자들은 위 41편에서 저자의 질병과 고뇌를 엿볼 수 있으며 동시에 육체적 질병과 영적 고뇌는 분리될 수 없는 관계임을 알게 된다. 독자들은 질병 시편에서 어떤 최소한의 불편한 느낌을 인정하며 어김없이 이러한 고뇌의 정황에 초대될 수 있다. 하지만 이것으로 애원의 시편은 막을 내리지 않는다. 질병이나 고발 및 죄와 죄의식에 관한 고뇌를 주제로 다룸에 있어서 신앙고백이 가지는 원초적 능력을 프리즘에 비춰보아야 한다. 이것은 인간 편에서 고백만으로 되는 것은 아니며, 반드시 하나님의 뜻과 용서가 따라야 하는 것이다. 인본주의 치유가 힐링이라는 지정사로 고백될 것이 아니라, 애원시편의 저작에서 인식했듯이 강력한 치유는 하나님의 자비로운 용서와 능력으로 완성되는 것이리라.

A. 특징

애원시는 이미 예레미야의 애원시 유형(렘 11~20장)과 욥기 3장에서 그 문학적 유형을 찾아 볼 수 있다. 한편 시편에서의 애원은 모두 광야생활과 경건에 있어서의 고난의 투영이다. 사해사본에서 발견되는 찬송들도 같은 형식의 애가들이다. 곧 종교적 박해와 처절한 곤경 속에서 여호와를 향하여 구원해 줄 것을 토로하는 내용인 것이다. 여기서 문제 삼고 있는 대상은 저자의 원수인 바, 그 신분과 성격은 다양하게 나타난다(시 13:4, 94:3, 102:8, 141:4 등). 폰 라드는 이러한 애원적 기원에서 제의적 성격을 인식하고 참회와 탄식은 저자의 무죄와 정의를 표시하는(시 118:15~21) 유형으로 이해하였다. 예배자의 의는 하나님으로부터 나온 것이며(시 17:2, 35:23) 그 의는 곧 예배자의 모범적 원형으로써 여호와 앞에 서게 된다는 것이다(시 15:3, 18:21~23, 119:143 등)

상술한 시편들은 하나님과 더불어 교제하는 톤(tone)이라기보다 하나님께 대하여 변호를 요구하는 탄원인 것이다. 궁켈은 이러한 유형이 시편의 참 골격을 이루고 있으며, 여기엔 간략한 호소구와 탄식과 기원이 현재형으로 나타난다는 데 주목하였다. 그리고 그는 전술한 내용과는 상통하나, 형태가 맞지 않는 시를 '의지시'(Vertrauens Psalmen)라

명명하여 애원시 유형에 부속시켰다. 이러한 포함을 모빙켈은 반증하여 이르기를 "의지시들은 계약민족이 가지는 종교적 전통의 특유한 표현이다"라고 주장하였다.

B. 구조

서두의 양식은 호소로 시작되는데 한결같은 요소는 신의 호격사이다. 그래서 짧은 기원(부사구)에서 호신으로 또는 호신에서 탄식으로, 혹은 3요소가 모두 나타나는 경우도 있다. 호격의 신명은 여호와(Jehovah), 엘로힘(Elohim), 아도나이(Adonai), 엘(El) 등이다. 이는 하나님의 이명 동칭으로 각 권에 따라 달리 사용되고 있다.

C. 본론의 주제

현재의 상황을 탄식하며 하나님의 도움을 간청하는 구체적인 시상으로 전개된다. 하나님의 공의로운 속성에 비해 불합리한 현실을 묘사하고 인간의 무능을 고백한다. 때로는 원수에 대한 인과응보적 저주를 사용하며 모든 수사를 동원하여 여호와 외에는 구원자가 없음을 선포한다. 그래서 지극한 신뢰감을 갖고 하나님이야말로 심판자시며, 모든 고통을 정복하는 능력자이심을 찬양하기에 이른다. 종결부는 탄원에 대한 확신(시 6:4~5, 12:5 등)을 갖추고 제의적 기능을 더욱 고조시킨다. 저자의 확신은 마지막 찬양에의 길을 예비하며 감탄으로 끝맺는다(시 6:8~10). 이로써 시의 유형이 고통으로부터 부르짖음과 하나님께 대한 경건하고도 깊은 신뢰임을 시사하며, 이 신뢰를 통해 자발적인 감사의 노래로 옮겨가는 것을 알 수 있다.

(3) 감사시

앞서 애원시(비탄조)를 조명해 보았으니 이제 감사 시편을 살펴볼 차
례이다. 감사 장르에 관한 시편은 애원시문과는 약간 다른 형태를 취한
다. 다음의 두 범례를 구별해 낼 수 있다. 조건적인 문맥과 선포적인 문
맥이다. 두 가지 문맥은 개인의 경건이 표현될 때 가장 뚜렷하게 나타
난다. 시편 저자는 탄식하면서도 때때로 하나님께서 자신의 소원을 들
어주시면 감사하겠노라고 응석 아닌 독자적인 약속을 하고 있다. 예문
을 들어보자.

하나님이여 내가 주께 서원함이 있으니 내가 감사제를 드리리니

(시 56:12)

이렇듯 많은 애원시 그룹에서 찾아볼 수 있는 하나님에 대한 찬양
은, 하나님이 시편 저자의 간구를 듣고 대답해 주실 확신 속에서 기대
를 가진다. 이때 기대감은 감격으로 바뀌어져서 감사의 목소리로 변하
게 된다. 이와 같은 모델은 역사서에서도 발견된다. 한나는 아들을 주
시기를 소원하는 자리에서 "아들을 주시면 내가 그의 평생에 그를 여
호와께 드리고 삭도를 그 머리에 대지 아니하겠나이다"(삼상 1:11)라
고. 마침내 자신의 아들 사무엘을 엘리 제사장에게 맡김으로써 한나는
하나님께 감사의 의무를 실제로 행하는 것이다. 따라서 감사시는 예언
이 응답된 것에 대한 신앙적인 반응이라고 말할 수 있다. 감사시에는
뗄 수 없는 찬양시와의 밀접한 관계가 설정되어 있다. 상호 밀접하기

때문에 베스트만은 감사 시편을 찬양시편의 하속 범주에 속한다고 주장하기까지 했다. 감사시는 기도가 응답된 것에 대한 찬송을 올리는 것이다.

내가 여호와를 항상 송축함이여 내 입술로 항상 주를 찬양하리이다
(시 34:1 찬송으로 시작)

허물의 사함을 받고 자신의 죄가 가려진 자는 복이 있도다
(시 32:1 축복으로 시작).

감사시는 막 응답된 애원을 다시 서술하기 때문에 어렵지 않게 찾을 수 있다.

스올의 줄이 나를 두르고 사망의 올무가 내게 이르렀도다
내가 환난 중에서 여호와께 아뢰며 나의 하나님께 부르짖었더니
(시 18:5~6 반복)

위에서 보내사 나를 취하신… (시 18:16 드라마틱 묘사)

이러한 감사 본문에는 하나님이 행하신 일을 짧게 함축하기도 한다. 시편 저자는 하나님이 행하신 구속사를 선포하며 지은이 자신이 경험한 구원을 보다 상세히 간증한다. 이어서 하나님께 다시 부르짖고 하나님은 들으시고 그 기도를 응답하시는 과정을 차례로 설명한다. 저자는

하나님께 드리기로 약속했던 찬양을 실제로 노래한다. 감사시편은 하나님께 직접 찬송함으로 끝맺거나 다른 자를 교훈하는 지혜문맥으로 확대시키기도 한다(시 21, 30, 32, 34, 40, 66편 등).

다음으로 선포적인 감사의 예문을 들어보면(이 노래는 성전에서 감사제를 드릴 때 사용)

온 땅이어 여호와께 즐거운 찬송을 부를지어다
감사함으로 그의 문에 들어가며
찬송함으로 그의 궁정에 들어가서 그에게 감사하며 (시 100:1, 4~5)

즉 이스라엘 백성이 받은 하나님의 복에 대한 감사제를 드리기 위해 예루살렘(시온으로 나아가는 문)에 들어가며, 그 성전(궁정)에 나아가라고 공동체(성도들)에게 요청하는 형태이다(시 96:1, 97:1, 98:4 참고). 또한 감사시 장르는 개인적 경건이 표현될 때 가장 뚜렷하다(시 18, 30, 32, 34, 40, 92, 116, 118, 138편 등). 로마가톨릭교 구약학 학자 폴 오브리(Paul Auvrey)는 공동체적 시편을 여섯 편으로 한정한다(시 65~67, 124, 129, 136편). 그런데 개인 감사의 노래는 고통으로부터 구출 받은 내용으로서 성전제의 때 사용되었다고 하나, 공동체와 감사시문이 언제 어떤 제의에 사용되었는지의 구별은 용이하지 않다. 다만 이스라엘의 기원과 동일한 시기에 출발했다고 추측할 뿐이다. 분명한 것은 감사시문이 제의에 수반되는 기도문이었으며 찬양시와 번갈아가며 함께 불리어졌다는 점이다. 히브리시에서 호다(הודה hodah)는 '감사하다'라는 뜻 외에 '고백하다' '선포하다'는 의미도 있기 때문에 '호다'는 찬양의 뜻을 가진 동사와 동일시편 내에서 나란히 사용되기도 한다(시 100:4, 105:1~2, 107:22 등).

A. 특징

대개의 리듬이 4+4, 4+3, 3+3, 3+2 등의 복잡한 형태를 가짐에도 불구하고 가볍고 유창한 문체로 배열되어져 있으며(시 30; 92; 100; 138편 등) 구체적인 내용은 잃었던 생명을 다시 찾으며 제의를 통하여 그 생명이 '재소생된다'는(시 23:3) 선언에서 찾을 수 있다. 칼 바르트(Karl Barth)는 죽음을 비역사적 생존으로 이해한다. 이러한 구원행위에 관한 특징은 먼저 저자 자신의 '고난의 간헌'(ani amarti), 즉 내가(여호와께 이르기를) ~의 형태로 탄원하며(시 30:6~10, 41:4~10, 116:10~11 등), 다음으로 구원행위에 대한 감사의 진술로 나타나는데 저자는 자신의 구원 경험을 큰소리로 선포한다(시 92:10~11, 116:8, 138:3 등). 이는 여호와의 은총을 통한 자신의 신앙을 고백하는 의미도 내포되어 있다(시 30:4, 66:16 등).

B. 구조

헤르만 궁켈은 말하길 "감사시는 애원시와 함께 조개껍질처럼 맞붙어서 서로 상응하고 있다"라고 서술하였다. 그래서 히브리어 동사를 애원문에선 현재형(시 13:1)으로 사용하나 감사문에선 회고의 형태인 과거형(시 30:8~10)으로 고백되어 있다. 서두에서는 지난날 탄원의 종결부에서 감사드렸던 확신과 결의를 다시 반복하는데 의미를 지닌다.

여기서는 여호와를 2인칭으로 칭하며 때로는 생략하기도 한다. 본론에서는 저자의 경험을 진술한다. 즉, 고통 받는 사연을 진술함과 도움을 얻기 위해 하나님께 부르짖음으로 하나님의 간섭과 그의 구원의 행적을 고백하고 있다.

C. 종결부의 묘사

종결부는 제의 회중을 향해 세계 선교차원에서의 선포와 저자의 신앙을 간증한다. 대체로 감사제를 드리겠다는 서약 내지 은혜에 대한 영원한 감사와 현실적 가능성을 보여준다.

(4) 제왕시 (왕권)

시편 중에는 '여호와가 다스리신다'는 구절이 많이 사용되어 있는데 이와 같은 유형에는 왕적 통치와 종말론적인 생명이 드러난다. 시 96편 10절, "모든 나라 가운데서 이르기를 여호와께서 다스리시니 세계가 굳게 서고 흔들리지 않으리라 그가 만민을 공평하게 심판하시리라"고 기록하였다. 이러한 왕권적인 사상은 구약의 선지자들도 갖고 있었는데 그 보좌의 기초는 정의와 공평이라고 하였다(시 97:2 등). 한편 바벨론에선 정월 초하루에 '아키투'(Akitu)축제가 거행되었고, 그때 바벨론 창조신화가 낭송 되었는데(여신 티아맛Tiamat을 무찌르고 남신 마르둑Marduk이 즉위, 티아맛을 재료로 하여 세상을 창조했을 때, 마르둑이 왕이 되었다고 전해지는 찬양시) 그 영향을 받았다고 주장하는 학자도 있다. 그러나 궁켈은 여호와를 왕으로 고백하는 내용이 아키투와 관계된다는 설에 대해서 의문시 하였다. 왕권의 찬양은 곧 시온을 중심으로 나타났는데(시 96:6, 97:8, 99:2, 9절 등) 이는 우주적인 영광의 선포를 말하는 한편, 이 땅의 모든 거민들이 이스라엘 공동체의 한 멤버가 됨을 시사한다(시 47:8~9).

다윗은 자신의 왕국시대 동안의 역사를 시편에 재현시켜 표현하였다. 시편들은 대부분 개인적 체험과 고난에 연결된 작품으로 창작되었음이 자연스럽다. 사울에게 쫓기는 기간 동안이나 다른 환경의 계속되는 위험 속에서 시편 7, 11, 34, 54편을 지었으며 왕위에 올라 거국적인 예배를 드리는 자리에서 24편을 구상하였으리라 본다. 동시에 전쟁과 방황의 기간이 끝나고 평화 시기에 자신의 집을 하나님께 봉헌하면서 30편을 지었던 것이다. 한편, 자신의 큰 죄악을 뉘우치면서 51편과 32편을 기록하였다. 이러한 결과는 아들 압살롬의 반란으로 나타났는데, 비극의 고통가운데서 시편 3~4, 55편이 탄생되었다. 시편 60편은 다윗의 군사적 승리를 기념하는 전승가이며, 18편과 더불어 다윗 자신의 생애에서 겪었던 여러 가지 체험들에 관한 간략한 개요도 표현되고 있다(삼하 22장 참고).

순례의 시편 그룹에 속하는 시 120~134편 사이의(저자 미상) 작품들은 히스기야의 회복 사건을 노래하고 있는 것으로 추정한다. 이들 노래 중 시편 124, 126, 129, 130편은 바벨론 포로를 암시하고 있는 것으로 여겨진다. 이뿐 아니라, 예루살렘의 함락과 느부갓네살에 의한 성전파괴 때의 기록(시 74, 79편)과 바벨론 포로 동안에 유대인들이 당한

갖가지 고난에 대해서도 묘사되어 있다(시 80; 138편). 시 85편과 126편에 의하면, 예루살렘 귀향의 기쁨을 노래한 회복의 메시지도 찾아볼 수 있다. 그 후 성전을 수축하고 헌당하기까지 헬라어 70인역(LXX)에 따르면, 학개와 스가랴 선지자의 이름으로 시편 146; 147; 150편이 기록된다. 클라렌스 벤슨(Clarence H. Benson) 교수는 "만일 시편이 없었더라면 이스라엘의 종교적 역사는 불완전하고 그릇된 것이 되었을지도 모른다."고 언급했다. 따라서 시편의 역사적 진술은 영적인 열정과 신앙의 헌신으로 가득 차 있는 이스라엘의 역사를 보다 깨끗하게 밝혀주는 신뢰의 책인 것이다.

지금까지 살펴본 제왕 시편(왕권) 그룹은 독립된 별개의 장르로 구분해서 읽는 것이 유익하다. 제왕시 그룹에는 이스라엘의 왕을 중심으로 한 왕에게 선한 복이 내리기를 기원한다(시 20편). 또한 왕이 하나님께 감사하고 하나님을 의지하는 신심을 표현하고 있다(시 21편). 시 45편에선 주인공을 찾기에 애매한 경우도 없지 않다. 주제는 왕의 축제를 찬양하는 것인데, 왕이 자신을 가리켜 '왕'이라기보다는 '나'(1인칭) 라고 표현하기 때문이다.

내 마음이 좋은 말로 왕을 위하여 지은 것을 말하리니
내가 왕의 이름을 만세에 기억하게 하리니 (시 45:1, 17)

친밀한 인간의 사랑을 묘사하면서 하나님을 찬양하는 비약적인 문맥이 솔로몬의 아가와 유사하게 기록된 부분도 있다.

왕의 모든 옷은 몰약과 침향과 육계의 향기가 있으며…

왕의 딸은 궁정에서 모든 영화를 누리니 그의 옷은 금으로 수 놓았도다…

시종하는 친구 처녀들도 왕께로 이끌려 갈 것이라…

그들은 기쁨과 즐거움으로 인도함을 받고 왕궁에 들어가리로다

(시 45:8, 13~15)

그러나 시 47편에서는 하나님을 왕이라고 선포한다. 결국 인간 왕이라고 할지라도 세상을 다스리는 하나님의 대리자(종)에 지나지 않음을 웅변한다. 하나님께서 참 왕이셨다.

지존하신 여호와는 두려우시고 온 땅에 큰 왕이 되심이로다

하나님은 온 땅의 왕이심이라 지혜의 시로 찬송할지어다 (시 47:2, 7)

많은 제왕시가 선민 이스라엘의 군사적 승리와 밀접하게 관련된 왕 되신 하나님을 찬양한다.

그는 기이한 일을 행하사 그의 오른손과

거룩한 팔로 자기를 위하여 구원을 베푸셨음이로다

여호와께서 그의 구원을 알게 하시며

그의 공의를 뭇 나라의 목전에서 명백히

나타내셨도다… 그가 의로 세계를 판단하시며

공평으로 백성을 심판하시리로다 (시 98:1, 2, 9)

이제 독자들은 제왕 시편의 절정에 이른 단락을 읽게 될 것이다. 먼저 스가랴 9장 9절을 열어보자. "시온의 딸아 크게 기뻐할지어다 예루살렘의 딸아 즐거이 부를지어다 보라 네 왕이 네게 임하시나니 그는 공의로우시며 구원을 베푸시며 겸손하여서 나귀를 타시나니 나귀의 작은 것 곧 나귀 새끼니라." 예언의 주인공은 장차 오실 왕으로서 예수 그리스도이시다. 그분이 우리들의 주인이시다. "그는 우리를 지으신 자시요 우리는 그의 것이니 그의 백성이요 그의 기르시는 양이로다"(시 100:3). 시 22편에서 노래하는 장차 오실 예수 그리스도는 그의 모든 뼈를 셀 수 있을 정도로 몸속에서 어그러져 있으며(시 22:17) 입 벌린 사자의 입 앞에서 고난당하고 있다(시 22:21). 하지만 여호와께서 나의 힘이 되신다고 응전하는 왕의 시편을 읽을 때 독자들은 통쾌한 승리를 누리게 될 것이다.

이어서 시 23편의 '시냇가 목자'를 거쳐 이윽고 24편에서는 왕을 향한 찬양과 영광스러운 왕권이 시행되고 있지 않은가!

> 여호와의 산에 오를 자가 누구며
> 그의 거룩한 곳에 설 자가 누구인가·
> 문들아 너희 머리를 들지어다 영원한 문들아
> 들릴지어다 영광의 왕이 들어가시리로다
> 영광의 왕이 누구시냐 만군의 여호와께서
> 곧 영광의 왕이시로다 (시 24:3, 7, 10)

이는 오벳에돔에 방치되었던 법궤를 시온으로 옮겨올 때를 상기하게 하는(삼하 6장 참고) 행렬과 노래를 오늘까지 계속 이어오도록 고무시킨다(대상 15:2~27). 시편 24편은 찬양대를 위해 작시된 것이 분명하다.

시 24편

1~2절: 왕의 축하연에 왕권 찬양

3절: 합창

4~5절: 찬양대

6절: 합창 ('셀라'를 통해 악곡을 환기시킴)

7절: 다가오는 군대의 편에서 응답의 찬송

8절: 문 안에 있는 무리들의 응답의 음악

9~10절: 무리들의 외침과 반복과 화음

왕의 축가는 군대의 우렁찬 합창과 더불어 마치 프랑스 공군 군악대의 오케스트라를 연상하기에 충분하다. 엄청난 무리를 동원한 승리자의 노래로써 헨델의 '송시'(환희의 노래) 가운데 천성으로 오르는 구세주를 표현한 때를 떠오르게 만든다. 그것은 무덤과 스올을 정복한 그리스도께서 높이 승전하시는 그날을 대망하는 완전한 성취의 한호성이다.

A. 특징

이스라엘의 전통에 의하면 왕권은 실제 정치를 통해서 이루어졌다(시 89:26~27; 삼하 7:13~14 참고). 그 왕권제도는 하나님의 백성으로서의 이스라엘을 형성함에 있었다. 그래서 다윗을 왕좌에 세운 것은 여호와의 결정적 행동이었다. 왕은 곧 하나님의 아들이 되었고(시 2:7, 27:2 등) 그 왕권은 하나님으로부터 오는 것이기 때문에 약한 자와 압박당하는 자를 위해서 공의를 베푸시는 하나님의 대표자로서 통치하게 되었다(시 72:4, 13). 특히 45편은 '왕의 혼례식'(왕상 3:1)을 묘사하는 시로서 왕(솔로몬)의 고백은 위엄차다. 6절의 '주의 보좌'(כִּסְאֲךָ אֱלֹהִים 키세아카 엘로힘 Your throne)는 '왕좌' 혹은 '왕권'으로 번역할 수 있으므로 찬양의 대상은 오직 하나님이시다. 여기서 왕의 시는 메시아적 예언을 띠고 나타난다.

B. 구조

왕권 시편들은 찬양시의 매우 독특한 유형으로 나타난다. 이 시편들이 어떤 제의(축제)에서 비롯되었다는 가설을 제쳐놓고서도 적어도 이스라엘의 왕권사상과 하나님의 왕국을 향한 공동체적 소망을 반영하고 있다. 서두는 '여호와께서 통치하신다'(יְהוָה מָלָךְ 야웨 말락)라는 환호성을 반복하며(시 93:1, 97:1, 99:1 등) 보좌의 견고성을 선포한다. 본론에선 시편 저자의 눈이 하나님께 고정되어 고통이나 난관의 애원은 거의 찾아볼 수 없다. 하나님의 성품만을 우주적 시상으로 표현한다. 정의와 거룩 앞에 백성들은 영광을 돌려드릴 것을 촉구한다. 그리하여 하나님을 온 땅의 주인으로 섬길 것을 종용하고 있다.

C. 종결부의 묘사

종결부는 서두를 다시 반복하며 하나님의 왕권을 찬양할 것과 진실

과 거룩 앞에 감사할 것을 외친다. 때로는 하나님의 심판을 경고하기도
한다.

(5) 순례시 (성전)

표제가 '성전에 올라가는 노래'(שִׁיר הַמַּעֲלוֹת shir hammalowt)이다. 이스
라엘 민족의 명절에 성전에 올라가는 승귀의 노래이다. 여러 절기들을
위한 순례의 길에서 널리 애창, 사용되었다. 이 노래들은 아마도 법궤
가 안식처(예루살렘)로 옮겨질 때 부르기 위해 작시된 듯하다. 그 동기
가 어떠하든지 순례시편은 시온 백성들의 노래가 되었으며 이 노래는
매년 절기 때 성전에 올라가면서 부른 유랑의 노래가 되었다. 다윗의
많은 시편처럼 '도엑'(삼상 22:9)이나 그와 같은 부류의 거짓된 사람들
을 염두에 두고 언급했던 것으로 이해된다. 아래에 소개되는 단락들은
각 절기 때마다 여호와 앞으로 나아가는 예배의 실천을 진술한다. 절기
의 파수와 감사 자체에도 포함되어 있지만 무엇보다 언약 백성들과 맺
은 순종의 자리였다. 하나님의 임재와 백성들의 삶이 하나가 되는 연합
의 의미와 그 백성들을 지키시는 은혜의 현장이기도 하다.

출애굽기 19장 5~6절, 언약의 백성에게 말씀하신 "세계가 다 내게
속하였나니… 거룩한 백성이 되리라"(언약). 신명기 16장 9~12절 "네
하나님 여호와 앞에 칠칠절을 지키되… 너는 애굽에서 종 되었던 것을
기억하고 이 규례를 지켜 행할지니라" 출애굽기 23장 14~19절 "너는
매년 세 번 내게 절기를 지킬지니라"(14절 동일). 곧 유월절(무교병 절기)

과 맥추절(첫 소실절기) 그리고 장막절(한 해 동안의 마지막 수확과 저장, 수장절기)을 일컫는다.

　순례시편들에 주어진 일반적인 명칭은 '상승의 노래', '향상의 노래'로 불렸다. 이 노래가 가장 널리 인정된 이유는 민족의 절기(레위기 23장 참조) 때 연례적으로 시온산 위에 있는 예루살렘 성전에 올라가는 예배자들에 의해 불려졌기 때문이다. 순례시의 각 장 주제를 모두 알아야 할 당위성은 없지만, 하나님께서 필요한 부분과 충족을 채우실 것이다. 순례시 저자들은 성령의 영감을 받아서 단락 안에 이러한 사실들과 일치하고 있음을 깨닫고 있다. 독자들은 순례시들을 통해서 매우 탁월한 예배에 동참한다. 특히 순례의 어떤 경우는 그 시의 제목이 단서가 된다. 즉 시편의 주제에 관련하여 향상(진전)되는 행위를 관찰할 수 있을 것이다.

120편 순례자의 예루살렘 체류　　　121편 순례자를 돕는 자

122편 순례자의 장소 (성읍)　　　　123편 순례자를 위한 변론

124편 순례자의 구원　　　　　　　125편 순례자의 안전

126편 순례자의 치유와 회복　　　　127편 순례자의 의지심

128편 순례자의 가정 (천로역정)　　129편 고난당한 이스라엘의 변론 (수호)

130편 순례자의 구속자 (Redemption) 131편 순례자의 냉엄함

132편 순례자의 확신　　　　　　　133편 형제애 (Philia)

134편 순례자의 위에 임한 축복 : 시편 산맥의 마지막 정상

순례시의 마지막 편인 시 134편은 제사장 반열의 지도자들이 먼 여행을 마치고 돌아와 드리는 성전의 노래이다. 역대상 9장 33절에 예루살렘 성전이 성가대원(레위 가문)들의 야간 파수로 인해 지켜졌으며 파수하는 성가대원들은 조용한 시간 내에 예배를 계속 드렸던 것이다. 확실한 것은 하나님께서 지금까지 종들이 드리는 예배를 계속 열납하고 계신다는 점이다. 이러한 밤의 어두운 시간에도 불구하고 섬기는 자들은 끊임없이 예배하고 있지 않은가. 눈에 졸음뿐 아니라 병상 옆을 지키는 간호사와도 같은 자신의 임무를 수행한다. 여기서 힘의 보충(Empowering 능력부여)을 받을 때 하나님께 올려드리는 복된 예배를 계속 유지할 수 있는 것이다.

A. 특징
'시르 함마알로트'의 해석에 대해서는 시 120~134편 '순례의 시'(Songs of Pilgrimage)로 정착된 지 오래이나 표제의 해석에서 쉴 새 없이 논란이 되어왔다.

① 영적 신비설: 초대 교부들은 신심의 상승으로 보았다.
② 찬송설: ㉠ 성가대원들이 계단을 지나 높은 '단'(maala)에 올라가 합창으로 부르라는 지정이거나 높은 곡조(대하 20:19)로써 환희와 기쁨을 자아내도록 하는 지시(M. 루터). ㉡ 포로귀환 때 바벨론에서 돌아오며 불렀다는 설이 있다(스 7:9 '바벨론에서 길을 떠났고' go to up, ascent). 또는 에스라 7장 2절, 포로에서 '…돌아온'의 문자적 해석은 포로에서 올라옴을 뜻한다. ㉢ 히스기야의 기도로 그의 수한이 15년 연장될 때(사 38:5)

'15'와 아하스의 일영표에 나타난(사 38:8) 10도에서 나온 찬송(시 38:20)

이 있다.

③ 수사설: 점층과 반복적 구조, 또는 히브리어 운율의 장단을 의미함.

④ 제의설: 첫째, 크라우스는 3대 절기 때(출 23:14~17; 신 16:16) 예루살렘

(해발 760m)으로 올라가는(상경) 제의행렬로 생각한다(H. J. 크라우스). 둘

째, 신년 대관축제 때 불리어진 '오름의 노래'(Songs of ascensions)이며, 순

례와는 무관하다고 보는 학자도 있다(S. 모빙켈).

이상의 진술에서 필자는 그 어느 것도 타당성을 찾지 못한다. 로마

가톨릭교 구약학자 폴 오브리(Paul Auvrey)는 이러한 표제가 순례의 찬

송에 관련됨을 지지하였으나, 순전한 순례의 시는 시 122편과 132편

두 편뿐이라고 결론지었다. 그러나 존 칼빈은 표제의 해석 문제와 그

배경에 관심을 두지 않았다. 칼빈은 '쉬르 함마알로트'란 다른 노래들

보다 높은 곡조로 불리어지며 계속해서 상승하는 음악상의 조調로 이해

하였을 뿐이다. 이로써 독자들은 순례시 그룹 15편이 예루살렘 제의에

참여하는 순례자들이 성지로 가는 도중이나, 도착하여 성전 제의에서

불렀음을 알 수 있다. 이러한 시편들이 순례 때에 활용되었다고 믿는

것은 아주 자연스럽다.

B. 구조

서두는 찬양에로의 부름과 회고적 환희로 시작되며 대개 3+3, 3+2

박자로 배열된다. 본론은 성전의 회화적 묘사가 도드라진다. 특이한 점

은 하나님의 이름이 명사의 수식어로 몇 번 불러질 뿐 도리이 예루살렘

이 의인화되어 2인칭으로 등장하며 하나님의 속성들이 거의 감춰지고 있다. 이어 샬롬과 시온을 향한 경건한 정감을 고조시킨다.

C. 종결부의 묘사

종결부에서는 여호와의 영원한 구속을 찬양하고 축도로 끝맺는다. 이러한 제 유형은 신학적 주제를 암시하는바 그 사상의 근거를 다음 장에서 기술하고자 한다.

(6) 메시아시 (Messianic Psalms)

구약에 계시된 '메시아적 시편'(Messianic Psalms)이라고 제목 붙임이 타당하다. 장차 오실 예수 그리스도를 예정하며 기다리는 시편을 말한다. 일반적으로 메시아 기대사상이 한 편의 시 속에 온전히 용해된 저작은 나타나지 않는다. 이는 예언적인 단락에서 찾을 수 있는 작시들인데 구약의 역사서에 있는 그대로 직접적인 메시지를 갖추고 있는 것은 아니다. 메시아적 시편은 예언시편 중에서 핵심이 되고 있다. 시 16편이 좁은 의미에서 메시아적 시편이다. 신약의 사도행전 2장 25~31절과 13장 35절(부활의 증거)과 로마서 15장 4절(성경의 위로와 소망에 관한 기록)에서 사도 바울과 베드로는 그들이 발견했던 예수님에 대한 모델이 시 16편에서 발견된다는 점을 의식하고 있었다. 예수 그리스도역시 구약의 시편이 자신의 사역을 예기해 놓았음을 알고 계셨다. 뿐만 아니라, "주의 집을 위하는 열성이 나를 삼키고 주를 훼방하는 훼방이 내게 미쳤나이다"(시 69:9). 앞의 구절이 요한복음 2장 17절에 기록된 그분 자신에 관한 예언이며 같은 맥락에서 "내가 신뢰하여 내 떡을 나눠 먹던 자의 가까운 친구도 나를 대적하여 그의 발꿈치를 들었나이다"(시 41:9). 이 말씀 역시 요한복음 13장 18절에서 이루어진다.

그렇지만 시 41편과 69편 전체가 메시아에 속한 시편은 아닌 것이다. 그 모범을 다시 살펴보면 시 22편에서 "내 하나님이여 내 하나님이여 어찌 나를 버리셨나이까?" 영혼의 깊고 어두운 길목에서 예수 그리스도는 마태복음 27장 46절, 이 땅에 내려오신 십자가 사건과 그 죽음의 해석에 직접적인 영향을 끼치고 있다. 따라서 시 16편이 구약의 부활장으로 계시된 것은 의문의 여지가 없다. 여기에는 예수 그리스도의 부활이 복음의 궁극적인 구원을 성취하였기 때문이다. 물론 구약 자체에선 이러한 예견이 모든 백성에게 통용될 것인가에 대해서는 금시초문일지 모른다. 시 16편을 주의 깊게 묵상해보면 다윗이야말로 이 시편이 메시아적 의미를 갖고 있다는 사실을 알고 있었다(다윗은 예수 그리스도를 자신의 주로 고백함). 좁은 의미에서의 16편은 문맥상 썩어질 무덤으로부터 건져내신(10절) 보호와 환란의 위험가운데서도 하나님을 신뢰하는 기쁨의 고백임을 알 수 있다. 시편 저자는 자신이 죽을 운명에 처해 있으나 하나님께서 멸망시키지 않고 생명을 보존해 주셨다는 무덤 저편의 영광을 노래하고 있는 것이다. 구약 시편에서는 비록 메시아적 비전이 완전히 현실화 되지는 않는다 하더라도 점차 가시화되고 있었다(선지서에서는 구체적인 메시아사상을 산문으로 읽을 수 있다. 그러나 메시아 기대감은 시편에서 공동체의 염원을 통해 해석학적 과정을 거쳐 발전적으로 전개된다).

시편 주석가들은 메시아적 시편을 다섯 가지 형태로 구별한다.

① 순수 예언시: 장차 주가 되실 다윗 왕조를 언급하며(시 110편) 신약에서 계승하는 유다의 다른 왕이 아닌 오직 예수그리스도라고 밝힌다.
② 종말론적 의미: 시편 96~99편에서 주님의 오심과 왕국의 완성이 그리스도의 재림 때에 완성될 것이라고 예기한다.
③ 모형론 형태: 개인의 체험을 넘어 예수 그리스도에게서 성취되는 역사와 언어적 묘사이다.
④ 간접적인 메시아시: 당대의 왕이나 일반적인 왕권에 대해서 기록한다. 이는 예수 그리스도에게서 성취된다(시 2, 45, 72편)
⑤ 전형적인 메시아시 그룹: 명백하게 메시아 자체를 언급하지는 않지만, 십자가의 그리스도 즉 기독론(Christology, 시 34:20)의 그림자를 보여준다. 하지만 다윗에게나 백성들의 고난을 묘사할 때에도 신뢰와 소망과 진리를 가장 기억하기 쉽게 표현하고 있다.

그 때에 내가 말하기를 내가 왔나이다
나를 가리켜 기록한 것이 두루마리 책에 있나이다
내가 주의 공의를 내 심중에 숨기지 아니하고 (시 40:7~10)

이는 예수 그리스도의 오심과 그의 공사역에 대해 분명히 언급하고 있는 기록이다. 시 41편에 작시한 다윗의 예언은 가룟(Iscariot) 유다에 의해 배반당하신 날 밤에 이 구절을 인용하셨다(요 13:18). 또한 유다가 시 109편에 작시되어진 인물이라는 사실은 베드로에 의해 증거된다.

시편에 기록하였으되 그의 거처를 황폐하게 하시며

거기 거하는 자가 없게 하소서 하였고,

일렀으되 그의 직분을 타인이 취하게 하소서 하였도다 (행 1:20 비교)

시 69편은 저자가 자신의 죄 때문에 쓴 것이 아니라 할지라도 고통을 당할 때 쓴 시문이다. 예언시로 볼 때 이 시의 어느 부분은 메시아에 대해서 언급하고 있으며, 그 안에서 독자들은 인자가 들려주는 절망적인 고난의 말씀을 듣게 된다.

그들이 쓸개를 나의 음식물로 주며

목마를 때에는 초를 마시게 하였사오니 (시 69:21; 마 27:34, 48 비교)

이로써 독자들이 이해할 수 있는 것은 대부분의 시편의 화자가 다윗 왕이라는 점을 감안할 때, 메시아 시편은 상당 부분이 이스라엘의 왕권(제왕시편)제도 및 다윗 왕조의 보좌와 다윗의 언약 사이에서 예수께로 수렴된다는 인식이다. 즉 인간으로는 다윗의 후손으로 나신 몸(롬 1:3)이지만 시편의 모형론(Typology)을 정리하면, 메시아 시편은 그리스도의 오심으로 비로소 실현된다. 그분이 하나님이심과 동시에 다윗왕의 혈통이시다. 이러한 맥락에서의 메시아적 시편 그룹은 각각의 시편에서 찬양시로 연결되는 통로를 열어주는 시금석이 됨을 간과할 수 없다.

A. 특징

갈보리의 노래로써 이 시편을 읊을 수 있었던 환경이 다윗의 생애에는 없었다는 것을 독자들은 알고 있다. 그리스도의 십자가형에 못 박히심과 고통당하는 자의 노래로서 고난과 간구에 이어 부활의 영광에 참예함으로 찬양한다. 괴로움과 구원의 2중 예견을 따라 비난과 헌신을 표현한다. 왕 같은 제사장과 그리스도에 대한 예언시문의 문맥들은 간략하지만 충분한 예언적 메시아를 묘사하며, 메시아는 전능하신 왕으로서 백성들의 대적자를 두고 염려하신다. 영원한 제사장으로서 성도의 죄를 대속하신다.

B. 구조

그리스도의 십자가 형벌로서의 마태복음 27장 33~46절과 비교하게끔 공유의 구조를 가진다. 그리스도의 외로운 침묵에서 위대한 선포를 발하며 이어서 찬양으로 옮겨 간다. 각 구절의 음조는 저자의 고통과 절망적 비애를 토로한다. 먼저 괴로움 속에서 구원을 요청하며 비난과 헌신으로 나아간다. 메시아적 직분과 기도의 결과를 제시하며 성도의 체험과 신앙 실습(훈련)이 현실화된다. 성경에서 가장 널리 인용되는 왕이신 그리스도요, 제사장이신 그리스도임을 예견한다.

C. 종결부의 묘사

메시아의 영광이 세세에 선포된다. 먼저, 땅의 모든 끝이 여호와를 기억하여 돌아오고, 열방의 모든 족속이 주의 앞에 예배하리니… 후손이 그를 섬길 것이요 대대에 주를 전할 것이며 그의 공의를 태어날 백성에게 전함이여 주께서 이를 행하셨다 할 것이로다(시 22:27~31).
다음으로, 천지가 그를 찬송할 것이요, 모든 생물도 그리할지로다.

그의 종들의 후손이 이를 상속하고 그의 이름을 사랑하는 자가 그중에 살리로다. 곧 다윗은 메시아의 영광스러운 승리를 기대하고 있다. 다윗의 주는 권능의 자리에 계시는 하나님 아버지로서 그의 오른쪽에 앉아 계시며 생명의 영원성(히 8:1, 10~13 비교)을 공유하신다. "주의 오른쪽에 계신 주(메시아)께서 그의 노하시는 날에 왕들을 쳐서 깨뜨리실 것이라. 길가의 시냇물을 마시므로 생기를 그의 머리를 드시리로다"(시 110:5, 7)에서 메시아의 영광인 승귀를 비유로 나타내신다.

(7) 저주시 (Imprecatory Psalms, 분노)

저주 시편은 분노의 시편 그룹을 말한다. 시편은 찬송이면서 동시에 기도이다. 인간의 정서와 간구로 이루어진 지상에서 하나님께 올려 드리는 예배의 언어로 직조되어 있다. 그런데 이렇게 아름다운 수준으로 수놓은 언어군에 분노와 독소 그리고 악담으로 점철된 부분이 섞여 나온다면 독자들은 과연 수용할 수 있겠는가? 앞서 언급했던 찬양과 감사, 애원과 순례 및 제왕시와 메시아기대 시편을 과학이라 할 만큼 분석 관찰해 보았다. 그런데 돌연변이도 아닌 소수의 그룹이 동시에 인간에게서 하나님께로 올려드린 상승하는 하나님의 말씀에서 험담의 감정과 공포나 위협으로 공략하는 지저분한 언어가 있다면 그 책을 정경(canon)으로 받아들일 수 있는가? 시편 안에 인간의 저주를 담아낸 그릇도 있다는 것에 독자들은 긴장감을 금하지 못할 것이다. 그러나 우리는 저주시에 관해 참으로 오랫동안 들어온 것이 사실이다.

독자들에게 저주시의 정의를 묻는다면 이곳저곳에서 다양한 해석들이 나오겠지만, 시편이 얼마나 정직한 노래인가를 인정하기까지는 그렇게 많은 시간이 걸리지 않을 것이라 여긴다. 동시에 시편이 정직한 책이라는 것은 틀림없으며, 그보다도 하나님께서 시편의 독자들에게 정직함을 찾고 계심을 우리는 인지해야 한다. 시편 안에는 가식이 없다. 숨김없는 마음(정서)이 곧 저주 시편임을 우리는 다시 배우게 된다. 시 55편 13~14절 맥락은 충격적이다. 시편 저자가 악담(분노)을 퍼붓고 있는 대상은 다름 아닌 어제까지 절친했던 어깨동무였다는데 기인한다. 시편 저자의 친구가 친구에게 흠집을 내면서 칼을 들이댄 격이다.

> 그는 곧 너로다 나의 동료, 나의 친구요
> 나의 가까운 친우로다
> 우리가 같이 재미있게 의논하며 무리와 함께 하여
> 하나님의 집안에서 다녔도다

'저주 시편'이 무엇인가에 대한 다양한 해석이 가능하겠으나 필자의 정의로는, 우선적으로 '피와 칼의 노래'라고 접근해 본다. 시편의 독자들은 두 말할 나위 없이 대략만 훑어보아도 시인이 자신의 대적자에 대해 심한 독설을 품고 있음을 발견할 것이다. 우리는 시편저자가 국외 혹은 국내에 산재한 원수들에 대해 삼킬 자를 찾는 '사자'(시 35:17)나 우는 '개'(시 59:6, 14~15)의 이미지로 그들의 악한 속내를 은유로 표현했다는 점이 여실하다. 이러한 요소는 저들의 짐승적 본성을 가진 "피 흘리기를 즐기는 자"(시 59:2)와 군사적 성격인 "그 마음은 전쟁이요 실상은 뽑힌 칼"(시 55:21)이라는 이미지에서 강하게 묻어난다. 저자는 냉혹한 시어와 함께 이들에게 저주를 내려달라고 기도의 형식을 빌린다. 마음속의 악감을 뼈저리게 표출하고 있지 않은가! 이렇게 시편저자는 자신의 대적에 대한 극도로 가혹한 심판을 요청하는 탄원문을 담는다. 따라서 저주라는 뜻에는 저자가 자신을 박해하는 자들에게 대해서 나쁜 일이 생기도록 요청한다는 의도가 들어있다. 비록 강한 어조로 독설을 내 품지만, 저주가 정확한 표현일지는 고려해 볼 만한 일이다. 분노가 더 적합할 수 있다. 그렇지만 저주라고 통용해 온 것은 하나의 용어적 기준이며 장르 분류에 전통과 스테레오(stereo)를 따른 명칭인 것이다. 전통으로 이 계열에 속한 시편을 일괄하면 7편의 시가 포함된다(시 35, 55, 59, 69, 79, 109, 137편). 특히 공격적인 어조가 내포된 범주는 시편 35, 69, 109편에 비중을 두고 있다.

저주시의 저자들은 우주를 탁월하게 통치하시는 여호와께서 그의 백성을 위해 공정한 통치를 행하실 것이라는 믿음을 공유한다. 그래서 저자는 악인으로 인하거나 육체적 곤경으로 인해 위험에 직면해 있는 백성들에게 온 땅의 공의로운 재판장께서 옹호해 주실 것이라는 충성을 보인다. 공정한 통치야말로 백성들의 생애 중 원수들 앞에서 실현될 서원이며, 여호와의 의로운 통치가 승리할 것을 확신하는 찬송으로 기도문을 끝맺는다. 하나님의 공의를 수호하려는 열정으로 인해 시인들의 언어 속에는 자주 악담이 담긴다. 즉 하나님께서 악인의 팔을 꺾으시고(시 10:15), 원수들의 입에서 이를 꺾어 내시며(시 58:6), 주의 분노를 악인들 위에 부으시기를(시 69:22~28) 요청한다. 다시 말하지만, 독자들은 이를 어떻게 이해할 것인가? 저주 시편(부분들)의 저자들이 하나님의 강력한 통치를 간절히 염원하는 긍정적인 기도로 이해해야만 할 것이다. 이러한 요청과 훈련은 개인적인 복수의 요구로 받아들여서는 옳은 판단이 아니다. 실제로 시편 저자들은 그들의 배신을 대신해 기도(호의)를 베풀고 있다는 점이다(시 109:4~5 비교). 저자들은 그들의 기도를 통해 하나님의 뜻(공의)이 땅 위에 이루어지며 악이 심판받기를 (결국에는 하나님이 행하실) 바라는 갈망을 드러내는 태도이다.

하나님의 계시 진전에서 볼 때, 구약의 백성보다 신약의 성도들이 하나님의 계시를 이러한 면에서 보다 성숙한(다른) 기도로써 화답했다. 그러나 신약 성도들 역시 하나님의 뜻이 이루어지고 그리스도가 속히 임하기를 바라는 기도이기에, 공히 하나님의 의가 수호되고 악인이 심판 받기를 원하는 것임엔 변함이 없다. 나아가 시편 저자들은 이것 외에 이교도의 사상과 풍습이 이스라엘의 믿음을 위협하는 것으로 여겨 이방 신화를 배격하였다. 사실 이방의 다신교들은 교묘한 방법으로 이스라엘의 여호와 신앙을 공격해 왔다. 예를 들면, 68편 4절에 "하나님께 노래하며 그의 이름을 찬양하라 하늘을 타고…" 광야에서 행하시는 분으로 묘사되어 있는데(실은 가나안 족속의 바알신이 그렇게 등장하며, 29 편에선 가나안의 폭풍신 바알이 가나안 땅에 폭풍을 일으킨 적이 있음을 오버랩시킨 것이 아닌) 이러한 언급은 셈족의 신화에서 유래한 것이라는 접점을 보여준다. 그렇지만 이웃 나라와의 공통된 어휘가 이스라엘 예배의 동일한 비유나 유래가 아니라는 점에서 논박의 영적 분기점을 제시한다. 하나님의 의로우심은 현재의 삶에서도 경험할 수 있으며, 악한 세력과의 싸움은 순전한 백성들의 믿음을 한층 강화시켰고 이스라엘의 소망을 굳건히 했던 것이다.

이러한 돌연한 변화를 정형화할 수는 없지만, 저주 시편이 공식 예배에서 사용되었다는 가능성에서 볼 때, 애원의 기도를 마칠 때쯤에는 슬픔에서 기쁨으로 안내하는 이정표 역할을 하는 특징을 기억할 것이다.

> 내가 노래로 하나님의 이름을 찬송하며
> 감사함으로 하나님을 위대하시다 하리니
> 이것이 소 곧 뿔과 굽이 있는 황소를 드림보다
> 여호와를 더욱 기쁘시게 함이 될 것이라
> 곤고한 자가 이를 보고 기뻐하나니 하나님을 찾는 너희들아
> 너희 마음을 소생하게 할지어다 (시 69:31~32)

시 69편 마지막의 간단한 기도가 하나님 보시기에는 소를 바침보다 기쁜 소식이 아닐 수 없다(32절). 동시에 가난한 자들에게는 더 귀한 제물이다. 그러므로 기쁜 소식에 이어 찬송하지 않을 수 없는 것이다(34~36절). 다윗은 하나님을 섬기려고 애쓰다가 부당하게 고통당하는 사람들의 열렬한 탄식이 되어준다. 그러므로 이 시편은 구약을 배경으로 하고는 있으나 신약의 그리스도께서 자신의 사역과 관련해 여러 번 인용하고 있다는 사실도 가늠해야 한다. 독자들은 이 시편을 그리스도께 고백하며 산제사로 읊조리면서 나아갈 수 있게 되었다. 하나님의 공의 앞에서 도움을 청하는 노래를 갖게 된 것이다. 독자들이 기억해야

할 것은 저자가 마지막 부분에서 보여 준 은유와 대구법을 통해 즉시 대적자들을 향한 강한 저주로 넘어간다는 돌발 행위이다. 하지만 예수 그리스도는 그분을 십자가에 못 박은 자들을 향해 용서의 태도를 보이셨다는 점이다.

> 그의 밥상이 올무가 되게 하시며
> 그들의 평안이 덫이 되게 하소서
> 그들을 생명책에서 지우사 의인들과
> 함께 기록되지 말게 하소서 (시 69:22, 28)

> 아버지, 이들을 용서하여 주옵소서
> 그들은 자기들이 무슨 일을 하는지 알지 못하옵니다 (눅 23:34 비교)

■ 저주시 단락의 해결 방안

하젤 블록은 저주 시편에서 독자들이 감안해야 할 사안을 지적했다. 저자의 과장법적 표현의 경향을 통찰해야 한다는 제안이다. 저주에 나타난 이러한 표현의 속성이 저자의 탄원에 활력을 더해 주는 것은 사실이다. 실례로 문맥가운데 자신의 주장을 뒷받침할 만한 강력한 이미지를 사용한다는 점이다. 따라서 기록 안에서 해결의 실마리가 풀리고 있다는 것이다. 이러한 저주시 유형에서 언급된 저주는 거의 영적이고 비유적이라는 수사법을 동원하고 있음을 감안해야 한다. 하여 시적 표현에 드러났다고 해도 본래의 고통과 염원이 사라지는 것은 아니며 그 고통과 수치와 심지어 죽음까지 바라고 있음을 간과하지 말아야 한다.

모빙켈에 의하면, 이를 저주 시편 그룹이 주술적인 신앙과 당시 관습의 일부였던 이방종교의 역사와 제의적인 모방의 산물이라고 말하기도 했다. 다시 말하면 시편의 저주가 시인의 대적자를 저주하는 보복의 화살로써 그들에게 임할 것이라고 단정한 실효적(effective) 주술의 예라고 믿었다는 것이다. 하지만 구약 성경의 영적 감동은 이러한 이교적 관습을 배격했음은 물론, 대적과의 싸움에서도 이스라엘 백성들에게는 금기된 사안이었다. 하나님의 백성들은 실제로 그들에게 필요한 전쟁의 전략을 가지고 하나님께로 직접 나아오는 것에 철저했던 것이다. 하젤 블록이 저주 시편의 주제연구에서 지적한 것을 정리하면,

① '저주시'가 실효적 주술인가? 고대 근동지역의 저주문에 있어 이와 비슷한 예문이 있음으로 인해 구약이 그러한 인용을 했던 것인가?

② 이스라엘의 열등한 윤리의식인가?

③ '저주시'가 상징적 비유의 언어인가, 아니면 주제 발전을 향해 전개되는 언어유희인가?

④ 대적자의 결과를 바라보는 악행의 전형적인 원리일까?

⑤ 이스라엘의 인간적 교훈을 넘은 증오인가? 혹은 영감 없는 악담의 기록일 뿐인가?

⑥ 이스라엘 공동체보다 개인적 성향을 띠고서 불의로 고통 받는 사람들을 대표하는 것인가?(즉 개인이 공동체에서 튀는 인물로서가 아닌) 대중 뒤에 숨어 자신의 존재를 감추면서도, 마치 고난을 대표하는 양 악담을 퍼붓는 상황인가?

⑦ '저주시'를 우회하여 돌리는 형식으로 사용하고는 책임 없이 홀로 무심

한 타인의 목소리를 내는 것인가?

⑧ 개인의 도덕적 차원에서 벗어난 국가적(공동체) 차원의 적용인가? 79편
과 83편의 부분적 저주의 실천인가?

상기한 여덟 가지는 모두 아니라는 말로써 귀결된다. 그러면 무엇인
가? 제시된 문제들의 해결책에 접근하기 위해 몇 가지 문제에 부딪친
다. 하나하나의 목적은 의미심장하며 나름대로 가치가 있다. 여기에는
신학적 통찰을 부여한다. 저자들이 갖는 하나님과의 관계는 은혜롭다.
이러한 저주의 특징은 시편 저자의 성품이요 행위에 의한 것이라기보
다, 오히려 박해자의 포악한 성격에 기인한 것이다. 나아가 압제당하는
저자에게 고난의 의미는 더욱 넓은 의미로 재해석되며 이러한 고난이
자신이 속한 공동체에 어떠한 영향을 줄 것인가에 관심 갖게 한다. 시
137편을 숙고해 보자.

멸망할 딸 바벨론아 네가 우리에게 행한 대로

네게 갚는 자가 복이 있으리로다 (시 137:8)

이는 '사막의 증오'로서 한국의 독자들에겐 일제 강점기를 생각나게
만든다. 히브리인의 마음에는 압제자를 대상으로 심판에 대한 열정이
크게 자리 잡고 있으며 여호와 앞에서 그의 분노를 가라앉히지 않았던
이미 경험된 상황이었다. 이것은 공의에 굶주린 이스라엘 백성들의 실
존이며 실재 인물들이 소리 높여 부르짖은 양심의 외침이었다.

나는 사랑하나 그들은 도리어 나를 대적하니 나는 기도할 뿐이라

그들이 악으로 나의 선을 갚으며 미워함으로 나의 사랑을 갚았사오니…

그러나 주 여호와여 주의 이름으로 말미암아 나를 선대하소서

주의 인자하심이 선하시오니 나를 건지소서 (시 109:4~5, 21)

■ 저주 시편을 해석하는 프락티스와 교훈

① 저주 시편은 진실한 그리스도인, 특히 신약 성경의 견지에서 사랑을 실천하고자 하는 이들에게 혼란을 초래한다.

하나님이여 그들의 입에서 이를 꺾으소서

여호와여 젊은 사자의 어금니를 꺾어내시며 (시 58:6)

그의 자녀들은 유리하며 구걸하고

그들의 황폐한 집을 떠나 빌어먹게 하소서 (시 109:10)

이러한 극도의 저주적 발언을 어찌 성령의 감동에 의해 기록된 것이라고 할 수 있을까? 이러한 오해를 잠재울 수 있는 것은 성경이 선한 사람이나 악한 사람, 영감을 받은 사람이나 받지 못한 사람 모두에 대한 기록이라는 점을 명심해야 한다. 계시는 하나님께서 인간에게 하시는 말씀과 인간이 하나님께 부르짖는 말들로 구성되어 있다. 하나님의 계시적 견지에서 인간에게 하시는 말씀은 언제나 진리이며 공의로우나 인간의 말들은 때로 적개심에 불타거나 고뇌에 찬 외마디 소리 일수도 있는 것이다. 시편의 특성은 성령의 감동에 의해 하나님께 드려진

인간의 기도이며 찬양이다. 어떠한 적개심에 의한 분노의 표현이라고 해서 하나님 앞에 정당화 될 수 있는 것인가의 문제는 단순하지 않다.

시 52편은 이에 대한 해답의 길을 모색하고 있다. 52편의 표제 글에 에돔인 도엑이 나온다. 다윗은 도엑의 범죄에 대하여 분노를 터뜨리고 있는 것이다. 사연인즉 사울왕의 군사들이 무고한 85인의 제사장을 죽이는 일을 거부했을 때, 에돔인 도엑이 나서서 잔인하게도 그의 칼을 들어 무고한 제사장들과 남녀노소와 소와 나귀와 양을 몰살시킨 일이 있었다. 이러한 행위에 대한 다윗의 분노를 마스길, 인도자를 따라 부르는 노래로써 작시한 것이다. 더구나 악인에 대한 복수를 하나님께 요청하고 있다. 복수조차도 인간의 손에 있지 않고 살아 계신 하나님께 달려 있다고 믿는 의지시편임이 분명하다. 자신의 손으로 심판이나 복수를 계획하지 않고 하나님의 의로운 심판에 맡겨 드렸던 것이다. 다윗은 생애동안 자신의 적들에 대해서 관용과 자비를 베풀었다. 그는 자신의 가장 극악한 원수에 대해서도 관용으로 대했으며 다른 이들이 그러한 일을 도모하지 못하도록 방지하기까지 했다(삼상 26:5~9 참고). 다윗이 비록 위의 인용문(시 109:10)에서와 같이 그 자녀들이 계속하여 방랑자로서 황폐한 집을 떠나 걸인이 되게 하시라고 기도했다 하더라도, 사실 그는 원수의 손자(므비보셋)에게 자비를 베풀었고, 그로 하여금 왕궁 자신의 식탁에서 왕자 중의 하나처럼 함께 식사할 수 있는 권리를 부여했던 것이다(삼하 9:1~2, 11).

② 한편 성도의 삶이 지상에서 만족스럽게 영위되는 이유는 그리스

도를 모시고 살기 때문이다. 그렇지만 순종하는 삶이 언제 어디서나 결코 쉬운 일은 아니다. 세상에 발 딛고 있는 한 우리가 원하든 원하지 않든지 적의와 좌절감과 두려움에 직면하게 될 경우가 있다. 시편 독자들은 앞서 보았던 시 69편에서 "수렁에서 건지시는 분은 하나님이심"을 신뢰하고 있지 않은가! 불신자와 다투기보다는 대신 하나님 말씀의 길을 잡고 하늘에 있는 허다한 악한 영들을 상대로 싸워야 한다(엡 6:12). 결국 사탄과 악한 영의 세력들과 싸운다는 것은 그들 악령에게 직접 저주를 퍼부을 수도 있다는 뜻이다.

③ 성도의 실천면에서 취할 적극적인 방법은 먼저 불신자들의 회심을 위해 기도하는 일이다. 복음전도의 능력은 어둠의 권세 앞에 대항해 싸우는 접전이야말로 성전의 일차적 형태이다. 이때 불신자의 옛 사람은 죽고, 새롭게 거듭난 사람이 그리스도와 함께 일어난다(골 2:6~23 참고). 마침내 성도들이 그리스도의 재림을 바라보며 기도할 때, 우리들은 사탄과 그의 추종자들(인간과 영들을 포함한)의 최종적인 파멸을 위해 기도한 결과임을 알게 될 것이다. 시 69편은 이러한 과정을 통과한 저자가 하나님을 찬양하는 마지막 대단원이다. 여기에 불평과 저주를 시작했을 때와는 전혀 다른, 예기치 못했던 돌연한 변화를 주목하게 된다. 저주 시편이 태어나기까지 여러 색깔의 프리즘을 통과한 후 비로소 영적 혁명이 일어난 것이다. 찬양의 본연으로 돌아간 거듭난 모습을 상기해 준다.

④ 지금까지 독자들은 저주시의 좁은 문을 열고서 그 시편 안으로

들어가 공간의 안팎을 돌아보았다. 과연 저주의 그릇에 담겨 있는 온갖 분노와 독소 그리고 위협적인 악담이 노출된 것이다. 어떻게 원수를 사랑하는 동시에 그에게 비극이 임하도록 기도할 수 있는가의 문제였다. 저주 시편 그룹은 저자에게 분노가 치밀어 탄식하며 하나님께는 애원하며, 대적자에게는 복수하는 상황으로 몰고 간 삼각도형의 형국이었다. 이러한 엄청난 일이 일어나기를 바라며 기도하는 저자는 누구이며 경건한 시인이라고 불러 줄 수 있는가도 문제이거니와 시편 시인의 편에 서서 이 기도에 응답하시는 하나님은 또한 누구이신가? 이에 독자들이 헤쳐 나온 바 해결의 방안을 구약학자 하젤 블록의 영감 있는 통찰을 통해 도움을 받았다. 우리가 이해하기로는 아마도 저주 시편에 언급된 내용가운데 일부는 작시한 시인 자신도 그렇게 행하지 않았거니와 신약 성도의 언행으로도 적절하지 않다는 것을 인정하게 된다(앞서 시 137:8과 마 5:44; 롬 12:14 비교).

하나님께서 종말적 심판에 관한 메시지는 그의 속성과 성품을 보여주시는 것이기 때문에 명료한 질서가 있다. 하나님의 공의와 주권이 관련된다는 것을 확신한다고 할지라도 시편 독자들은 결코 이러한 저주를 입에 담아서는 아니 될 것이라 사료된다. 무엇보다도 저주 시편이 말하고자 하는 궁극적인 메시지는 인간에게 하나님의 공의가 필요하다는 사실과 그것이 하나님의 자비(속성)라는 사실에 대한 관점으로 집약시켜 준다.

A. 특징

저주 시편에서 불평(탄식)은 필수 불가결한 요소이다. 먼저는 애원을 통해서 지치고 낙담한 독자들에게 말을 걸어왔다. 우리가 환난을 당할 때 시편 저자의 입장에 설 수 있을지 자문해본다면, 이미 익숙한 내용들이 저주 시편을 통해 기억날 것이다. 시 69편엔 저자가 고백하길 그가 비난받고 있는 범죄를 저지른 적이 없다고 부인한다(4절). 그렇지만 그는 자신이 완전무결한 것은 아니라고 인정한다.

하나님이여 나의 우매함을 아시오니
내 죄가 주의 앞에서 숨김이 없나이다 (시 69:5)

죄의 고백은 회개시 그룹에 흔히 있는 일이다(시 51:3 비교). 이와 같은 죄를 범해도 그리스도 안에서 죄사함을 받지만, 그렇다고 해서 성도들이 죄를 범해도 된다는 면책권을 받은 것은 아니다(롬 6:1~7 참고). 성도들은 시편의 애원시와 저주시를 묵상함으로 죄의 고백을 배우게 된다(6절). 다윗은 자신이 처한 곤경을 더욱 기도하면서 응답해 주실 것을 간절히 청원한다(13절).

나를 수렁에서 건지사 빠지지 말게 하시고
나를 미워하는 자에게서와 깊은 물에서 건지소서 (시 69:14)

이러한 은유는 저자의 탄식을 더욱 가속화시킨다. 즉 구원을 요청하는 것으로 만족하지 않고 원수들이 멸망당하는 것을 요구하기에 이른다.

주의 분노를 저희 위에 부으시며
주의 맹렬하신 노로 저희에게 미치게 하소서
저희를 생명책에서 도말하사 의인과 함께 기록되게 마소서 (시 69:24, 28)

B. 구조

저주 시편이 어떻게 전개되고 있는지를 보기 위해서는 그 구조를 이해해야만 한다. 저주 시편이 가능한 것인가를 자문해 보아야 하며, 가능하다면 이 문맥들의 전개에 대해서 수용할 것인가를 묵상해야 할 것이다. 일반적으로 저주의 내용이 들어 있는 문맥들은 서두에서 애원의 부분이 여럿 서술되고 있기에 이러한 구조를 가진 탄식을 먼저 이해할 때 저주 시편에 이른다. 시편 저자들은 주변의 환경 탓으로 흔들리고 있으며 하나님께 도움을 청하게 된다. 호소구를 통해 도와달라는 간청과 탄식, 고백, 저주, 신뢰(의지)의 표현 및 마지막 부분의 찬송으로 끝맺는다. 저자는 어이없게도 불평을 강조하고 하나님께 눈물을 흘리며 긴급하게 도움을 간구하고 있음이 고백된다. 가장 보편적인 구성은 시편 저자가 파악하는 대로 악한 궤계를 꾸미는 대적자에게 주께서 보복해 주시길 간구하는 기도문에서 출발한다. 나아가 악인들 앞에서 돌연히 저주를 퍼붓는 것이다. 시 109편은 유일하게 시종일관 저주로 가득하다. 이러한 요청은 지상에서 하나님을 위해 성전하는 의인의 기도로써 열광적인 감정이 포함되어 있다. 비록 거칠기는 하나 벌써 의인에 대한 악인의 위협(참소)이 맹렬하기 때문이다.

시편 109편에 나타난 저주시의 모델을 분석해 본다.

① 기만적인 대적에 대한 한탄(1~5절)

구원요청: 그들은 거짓되고 가증스러우며 저자의 우정을 거짓된 고소로 갚으며, 그의 선에 대해서 악과 증오로 보답하는 자들이다.

② 대적자에 대한 저주 요청(6~20절)

저주의 언어가 광범위하기 이를데 없으며, 저자(다윗)는 원수가 보응을 받아 버림받고 재산까지 박탈당하기를 원한다.

㉠ 그 원수가 방해를 받고서 죄인이 되어 나와서 죽임을 당하도록 고변한다. 원수의 자손(번영)이 끊어지며 여호와께서 그 조상들의 죄까지 기억하시기를 요청한다. 악에 대한 보응을 바라는 저자의 강렬한 열망이 숨김없이 저주로 노출된다.

㉡ 저주를 요청하는 까닭이 기술됨

그 원수는 가난하고 궁핍한 자와 마음이 상한 자를 자신의 이익을 위해 이용했기 때문이다. 그 대적의 정체는 타인을 저주하기를 좋아하는데(17절) 저주는 그가 입고 있는 옷이나 마시는 물처럼 그의 일부이기 때문이다(18절). 그러므로 그의 일부분이 된 저주처럼 그 스스로 저주를 받아야 마땅하다. 저주 자체가 그 원수를 감싸고 가둬 버려야 할 것이다(19절). 이것이야말로 시편 저자(다윗)를 비방하는 원수가 하나님께 받아야만 하는 보응인 것이다.

㉢ 도움을 간청하는 기도와 여호와께서 베푸실 옹호 확신(21~31절)

다윗은 그가 큰 곤경에 처해 있으므로 주 여호와께 도움과 구원을 청한다. 그가 받는 압제로 인해 약해지고 궁핍하게 되어 다 죽어가는 중에 있다는 탄원(금식으로 인한 생명의 수척). 더욱이 원수들은 위험에 처해있는 저자를 보면서 경멸하며 비웃기까지 한다(21~25절). 도움을 간청하는 저자의 기도는 마침내 여호와께서 그를 옹호하실 것이라는 결과를 원수가 알기 바라며(26~27절), 원수들이 수치와 곤욕을 당할 때, 저자가 즐거워 할 것을 갈망함(28~29절). 마침내 저자는 본 시편의 대단원에 이르러 여호와께서 압제당하는 자신에게(궁핍한 자) 구원 베푸심을 믿고 찬양할 것이라고 서원한다.

C. 종결부의 고백

적의로 가득한 저자의 분개를 승화시키는 담대함은 깨끗한 양심의 호소이다. 힘든 부분을 하나님께로 가져가 기도하는 신심을 보여준다. "나의 혀가 주의 의를 말하며 종일토록 주를 찬송하나이다"(시 35:28). 다윗의 슬픔은 얼마나 절망적이었는가? 그러나 하나님을 의지함이 모든 종류의 어려움에 대한 치유였다는 것을 되풀이해서 배운다. "네 짐을 여호와께 맡기라… 나는 주를 의지하리이다"(시 55:22~23). 이러한 진리는 독자들의 마음속에서 지워지지 않아야 한다. 성도의 찬송은 대적자들의 시끄러운 노래(분노)를 부끄럽게 만든다. "나의 힘이시여, 내가 주께 찬송하오니 하나님은 나의 요새이시며, 나를 긍휼히 여기시는 하나님이심이니이다"(시 59:17). 하나님은 독자들의 명예와 영광을 찾는 기도를 들으시고 응답하신다.

우리는 주의 목장의 양이니 영원히 주께 감사하며
주의 영예를 대대에 전하리이다 (시 79:13)

하나님이 궁핍한 자의 오른 쪽에 서시며 (시 109:31)

만물의 주인께서 우리를 의롭게 하시려고 곁에 계시면 대적자가 우리에게 선고를 내린다 해도 얼마나 헛된 일인가!(롬 8:33~34 비교) 물론 구약성경에서는 에돔의 형벌이 언급되고 있다(렘 49장; 애 4:21, 22; 겔 25:12~14). 그렇지만 칼빈은 악한 영에 대해서는 시편 저자가 하나님의 선포자로서 행동하고 있다고 말한다. 이러한 날카로운 선포가운데는 보다 개인적인 저주의 말을 내뿜는 정신이 존재한다고 믿었다. 그것은 신약시대 그리스도의 복음 이전에 행했던 일이라고 보았다(마 5:43~48 비교).

(8) 답관체踏冠體(Acrostic)의 세로 드립drip

답관체란 시편의 각 행이나 연의 첫 글자들이 세로로 어구를 이루도록 만드는 두운법의 일종을 말한다. 시편의 저자들은 히브리어로 시를 지을 때 이 방법을 사용했다. 문자적으로 '머리를 밟아가는 문체'라는 뜻이다. 히브리어 시의 행이나 연의 첫 머리에 알파벳 순서로 된 단어가 규칙적으로 나오도록 쓴다. 답관체 시는 일상에서 사용하는 알파벳을 규칙적으로 배열함으로써 시를 읽는 사람이나 듣는 사람에게 친밀감을 주는데 목적이 있다. 시어들이 정형에 맞도록 절제되고 균형미를 동반한 시문학 형식이다. 알파벳이 연속으로 나오기 때문에 자연히 규칙적인 운율, 특히 두운이 형성되며 독자들이 시를 쉽게 암송하고 노래하는데 도움이 된다. 잠언 31장 10~31절은 두운법의 구조로 드러난다. 잠언의 마지막 본문에 히브리어 알파벳(자음) 22개를 각 행의 첫 단어에 순서대로 맞추어 놓았다. 주제는 현숙함에 대한 가정의 지혜와 신뢰성과 사회적 칭송을 강조하는 본문이다.

예레미야애가 1~4장 역시 답관체의 시형식으로 히브리어 알파벳 22개를 계속 사용한다(예레미야애가 전체 5장 중 5장은 제외). 일명 이합체 離合體시로서 형태의 두운에 초점을 맞추는 구조이다. 답관체의 특징은 하나님의 말씀에 눈과 귀와 몸을 담그는 일이다. 살아 계신 말씀인 동시에 암송하기 편한 신앙고백이기도 하다. 시 96편에서는 전체 13절에 여호와 이름을 골고루 각인하여 읽어 내려가면서 하나님의 신명을 대할 수 있도록 하였다. 여기서 답관체의 시를 세로 드립(drip)이라 부르게 된 것이다. 드립은 의도적으로 각 구절(단어)의 첫 글자를 아래로 조합하여 시를 짓는 3행시와도 같다.

로마통치 하의 카타콤 시대에는 초대교회에서 예수 그리스도를 나타낼 때, 혹은 그리스도인 상호간에 신분을 상징하는 암호문으로 헬라어 '익스투스'(ΙΧΘΥΣ)라는 단어를 사용하였다. 각 단어의 첫 글자를 세로로 조합하면 Ιησους, Χριστος, Θεου, Υιος, Σωτηρ의 물고기라는 단어를 만들 수 있다. 당시 그리스도인 사이에 서로의 신분을 알리며 소통하는 암호문이었다. 이렇게 이합체는 흥미, 관심, 암송, 암호사용 등 기억법으로 널리 알려져 있었다.

로마가톨릭교에서는 이것을 '성도의 환호송'(ΙΧΘΥΣ)이라 칭하여 복음경과 서간경 사이에 넣어 사용했던 시기가 있었다. 14세기 이탈리아에서는 14행시(quatorzain) 소네트가 민요에서 유래되었으며, 페트라르카의 이름을 넣어 페트라르칸 소네트(petrarchan sonnet)로 알려졌다. 르네상스 때는 영국 등 유럽 전역에 성행하기도 하였다. 문장 초두의 중요성이 언어의 정형미(초성이나 두운규칙들)에 영향을 미친다. 시어에서 주고받는 처음의 발음은 뇌리 속에 음성과 의미가 결합되는 각인의 효과를 자아낸다.

시편 독자들에게 낯선 표식일지는 모르나 한글로 번역된(개역개정) 시편에서 가(ㄱ)-나(ㄴ)-다(ㄷ)의 순서로 된 초성을 가져와 보자. 아래와 같이 그 배치를 볼 수 있다.

【가】 가난한 백성의 억울함을 풀어 주며 (시 72:4)
【나】 나의 생전에 여호와를 찬양하리로다
　　　나의 평생에 내 하나님을 찬송하리로다 (시 146:2)
【다】 다른 신에게 예물을 드리는 자는
　　　괴로움이 더할 것이라 (시 16:4)

시편에는 답관체로 된 대표적인 119편과 111편을 포함하여 아홉 편이 소개된다(시 9, 10, 25, 34, 37, 111, 112, 145편). 시 111편은 22절까지 히브리어 알파벳 순서를 따른다. 이들 중 119편을 제외한 다른 시들은 알파벳 전체를 망라하지 않거나 일부가 중복되는 불완전한 답관체 형식이다. 시 119편은 정형시의 최고봉으로 널리 전래되어 왔다. 따라서 119편은 매우 정교한 짜임새를 보인다. 히브리어 알파벳 22자를 연으로 배치하고 각 연마다 8행씩 작시하여 전체 176절로 끝맺는다. 즉 여덟 행을 한 연으로 구성하는 팔진법(octonary)을 보여주는 예이다. 독일어역 성경에는 "하나님의 말씀에 의한 찬양과 사랑, 그 능력의 활용에 관한 그리스도인의 황금입문서"라는 긴 부제가 붙어있다.

본 시편의 저자가 누구인지는 정확하게 알 수 없으나 일반적으로 다윗이 지은 것으로 추정한다(다윗이 처했던 위기의 자리를 암시하는 19, 23, 46, 141, 161절 참고). 보다 자세한 것은 다음 단원에서 율법의 시편을 다루는 '의와 생명의 예배' 항목을 참조하기 바란다. 이상 상술한 제 유형들을 도표화하면 다음과 같다.

[표 3] 유형별 구조와 대표 시편 [A]

구조 유형	대표시편	서두		본론			종결부	
찬양시	8; 29; 100; 103~105; 111~114편	찬양 권유	각각 제시	하나님의 주권 찬양	כִּי ki 문장 도입 for/because		서두 반복과 심화	
		대상			창조와 구원 행위		기도와 소망	
		방법			속성, 역사 주관		의지 표현	
	145~150편	할렐루야		인내, 영광, 찬미의 Crescendo			할렐루야 합창	
애원시	6; 12; 38; 51; 90; 109; 130; 137; 144편	호신 기원 구속사 회상		탄원	불합리한 현실과 무죄 변호		확신	
					인간의 연약성과 참회		찬양	
					원수를 저주		경건 표현	
감사시	18; 30; 40; 118; 129; 138편	감사의 의도 선언 확신과 결의의 반복		고 백	경험 진술	고통의 간원	감사제 맹약 감사의 간증	
						구원 행적		
					진술 결과	선교적 선포		
						신앙 고백과 축복		
제왕시 **(왕권)**	2; 45; 47; 72; 93~99; 146편	환호성 Yahweh Malak		하나님의 성품	보좌의 견고성 선포		감사의 종용	
					왕권의 거룩성과 공의 찬양		심판의 경고	
순례시	84편	1~4절 궁정 사모		순례의 기도			예배	영원한 구속의 반영 기쁨과 축도
	120~134편	찬양에로의 부름 회고적 환희		성전의 회화적 묘사 샬롬을 원하는 기도와 정감 고조				

[표 4] 유형별 구조와 대표시편 [B]

유형 \ 구조	대표 시편	서두	본론	종결부	
메시아시 (Messianic Psalms)	2; 16; 22; 34; 41; 45; 72; 110편	의지와 영혼의 호소	탄원 신앙 고백과 응답	심판 경고	민족 생명의 길 예배 권고
	96~99편	찬양 선포 권고	기도 응답		
저주시 (Impre- catory Psalms)	35; 55; 59; 69; 79; 137편	하나님께 도움 간청	절망적 고통의 문제들	탄원에서 찬양으로 능력에 의지함	
	109편	무고한 자의 부르짖음	압제와 적의로 가득		

V

교의적
주제

The Expression & Images of the Psalms

1. 시편의 신학사상

시편 신학을 서술함에 있어 몇 가지 난해한 점은 ① 연대적 불확실성 ② 감정의 과잉 ③ 신학체계의 미비로 간주할 수 있다. 더욱이 신화와 전승 문제가 계속 대두되어 오고 있으며 '라스 삼라'(Ras Shamra)에서 발굴된 우가리트 문서 원경을 통한 가나안의 종교 이해가 그러하다. 그럼에도 불구하고 이 난해한 골짜기를 꿰뚫고 있는 시편 산맥의 정상은 오직 하나님이시다.

시편은 이스라엘의 신앙정신을 송두리째 반영하고 있다. 시편 독자들은 제의적 성격과 개인의 경건 사이에서 시편이 그것들을 일치시키며 양자 간에 적용함을 살필 수 있다. 예를 들면 많은 시들이 율법에 대한 사랑과 묵상(119편), 구속사의 재현(시 78; 105; 106편 등)과 찬양(시 145~150편)을 주제로 삼아 노래한다. 상술한 제유형상에서 볼 때 찬양시는 그 대상으로서의 심판을, 애원시는 그 주체로서의 인간을, 감사시는 이스라엘 백성들의 구원관을, 제왕시는 메시아 기대와 종말 사상을 그리고 순례시는 시온과 성전관을 각각 암시해 주는 구실을 하고 있다. 이러한 사실은 저자들의 개인적 신앙이 공동체적인 성격을 띤 제의 안에 적용되며 선포의 역할로 입증하는 동시에 이러한 영적 주제가 후대 기독교 발전에 크게 기여할 기반을 세우고 있음에 일조한다. 본장에서 여기에 근거하여 첫째, 논리적이고도 정적인 입장에서 둘째, 역사적이고도 동적인 입장에서 서술하려고 한다. 이는 시편 신학과 하나님의 섭리를 동시에 보여주는 상호 보완적인 방법이라 생각하기 때문이다.

2. 신관

(1) 하나님 개념

종교의 형태와 성격은 백성들의 하나님에 대한 개념에 의해 결정된다. 시편이 인간의 번영보다 유일하신 하나님의 영광을 전제하므로(시 86:10, 95:6, 115:1) 인간사와 감사의 중심을 하나님께로 돌린다(시 74:2~4, 79:9~10, 139:21~22). 시편 저자는 하나님으로부터 버린 바 되었음을 느낄 때에도 하나님을 등지지 아니하고 오히려 하나님께 도움을 간청한다. 이러한 개념을 제의적 경험 속에서 찾아보면, 하나님의 권능을 찬양하는 그룹과 신앙을 고백하는 그룹에서 잘 나타난다. 즉,

하나님의 우주적 권능(시 99편)에서 거룩성과 공의를 깨달으며 영원한 머릿돌로 견고하게 서서(시 118편) 후사를 선택하고 구원을 베푸심을 깨닫게 한다. 또한 저자들은 이스라엘의 구속사를 상기하면서 하나님의 전 존재를 소재로 삼았던 것이다(시 114; 126; 132; 136편 등)

(2) 야코뷔스 헨드리퀴스 프랑켄(Jacobus H. Franken)의 신비사상

『구약 고고학의 입문서』로 알려진 구약 역사와 시편 연구가인 야코뷔스 헨드리퀴스 프랑켄에 의해 하나님과 인간을 합일해 보려는 신비적 개념이 대두되기도 했다. 그의 견해는 특정 시편에 한 인간의 존재가 너무도 신성한 것으로 충만되어 있어 하나님과의 합일점을 하나님과의 교제 혹은 친밀감의 관계에서 거론하고자 시도했던 것이다. 그는 다음의 3구절을 예로 든다.

ⓐ On the glorious splendor of thy majesty,

and on thy wondrous works,

I will meditate. (개역개정, 시 145:5 읊조리리이다)

ⓑ I will meditate on all thy work,

and muse on thy mighty deeds. (개역개정, 77:12 읊조리며)

ⓒ I remember thy days of old,

I meditate on all that thou hast done,

I muse on what thy hands have wrought. (개역개정, 143:5 읊조리며)

상기 ⓐ의 동사의 목적어는 하나님이 아니고 works이며 meditate (히 siah)는 '선언하다', '찬양하다', '말하다'의 뜻도 있다.

ⓑ의 muse(히 hagah)는 단순한 '생각' 외에 '생각하면서 말하다' 혹은 '소리 발하다', '종교적인 구문을 중얼거리다'라는 뜻이 포함되어 있어 신앙에 완전히 빠져있는 상태를 말한다.

ⓒ의 remember(히 zakar)는 개인의 영혼을 채우고 그의 행위를 결정할 수 있는 곧 '현실화 할 수 있는 기억'을 의미한다. 물론 고통 중에서 하나님을 갈망할 때 하나님께선 우리들의 영혼을 채우실 수 있다. 그런데 그는 이러한 표현 다음에 즉시로 하나님께 대한 갈급한 영혼이 대두되므로 여기에 나타난 어떤 조용한 묵상이 하나님과의 신비적 일치가 될 수 있다고 생각했던 것이다.

그러나 시편 독자들이 묵상할 때 이러한 개념은 시 63편 8절의 "나의 영혼이 주를 가까이 따르니" 91편 14절 "그가 나를 사랑한 즉"에서도 나타난다. 위의 첫째 구절에서 히브리어 텍스트는 동사 Dabaq (works)를 쓰는데 이는 '집합하다'의 뜻을 가지고 있다. 따지고 보면 이 말이 히브리어 Siah(meditate)나 Hagah(muse)나 Zakar(remeber)보다 더 효력 있는 말씀이다. 하지만 이것은 이질적 요소가 하나로 합일하는 접착이 아니고 밀접히 연결되는 것을 의미한다(시 22:15; 렘 13:11; 창 2:24 참고). 위의 다른 구절에서는 Hasaq(set his love, he loves me) 동사를 쓰는데 이 또한 '집합하다'의 뜻을 가지고 있으나 대게 '~와 연합'되거나 '~에게 부착된' 것으로 나타나는 바 부부의 애정을 말할 수도 있고, 친밀한 교우관계를 지칭한다고 볼 수 있다. 그러므로 시편에서는 하나님과 친교의 영역을 벗어나 합일된다는 신비개념은 발견되지 않는다. 따라서 야코뷔스 H. 프랑켄의 시도는 정당하지 못했으며 단지 하나님과의 친교사상을 용어적으로 해설해준 데 불과하다. 진정 하나님과는 합일될 수 없으며 오직 하나님 자신의 사랑이 우리에게 임해진 것이 오묘할 따름이다.

(3) 유일신관 - 여호와 하나님

시편 저자들의 신관은 한 분 뿐이신 하나님의 역사적인 계시를 바라보는 것에 기초한다. 하지만 성경비평학의 문화사文化史적인 추정 학문으로 문을 열어놓은 독일의 율리우스 벨하우젠(Julius Belhausen)이 이끌었던 고등비평운동은 그의 저서 『이스라엘 역사 서설』을 통해 이스라엘의 종교발전사를 다루고 있다. 이스라엘 민족의 초기 히브리 유목민 역사에서는 미성숙된 다신교(Polytheism Religions)로 출발하여 점차 윤리적으로 성숙한 유일신교(Monotheism)로 변모되었다고 보는 진화적 역사관을 견지하는 것이다. 성경연구를 고고학적인 발굴과 문화발전의 틀에 맞추는 사회·문화사 차원에서 비교 검토하는 작업이다.

성경 텍스트의 양식을 대상으로 ① 역사연구 방식에 대입하여 비평하고 ② 주관적으로 유추하며 ③ 이방 종교의 형식과 연관성을 맺다보면 말씀의 순수 절대성 및 개혁주의 전통을 상실하는 결과를 초래하고 만다. 퓨전(Fusion)에 의존하는 방법론은 이색적인 문화 창출로써 가능할지 모르나 종교사학파의 안목으로는 완전 영감된 말씀의 권위를 지켜낼 수 없는 일이다.

동일 선상에서 윌리엄 에밀 오에스틀리(William Oscar Emil Oesterley) 교수도 시편의 신관이 일신교적(Monolarity)인데서 점점 유일신론으로 발전되어 왔다고 주장한다. 시 77편 13절, 81편 9절, 86편 8절 등에 보면 이방신들의 존재를 인정하는 것처럼 보이나, 이는 오히려 여호와 하나님의 통치권을 더 분명히 한 것임을 알 수 있다. 왜냐하면 "주 만이 하나님이시다"(시 86:9)라는 말씀이 그러한 구절 다음에 나타나고 있기 때문이다. 이 말은 여호와의 유일성과 그의 왕권을 선포하는 것임에 틀림없다(시 135:5).

가령, 시 89편 6절에 '신들'이란 단어가 나오는데 이를 직역하면 신들의 아들들(בְנֵי אֵלִים bene elim, among the sons of the mighty)이라는 뜻이 된다. 시편에서는 신들이라 칭하며 복수로 쓰이기도 하지만 본문에선 문맥으로 보아 천사들을 가리킨다고 할 수 있다. 절대적인 의미에서 하나님이 피조물인 천사(영물)들과 비교될 수 없다. 그러나 인간의 관점에서 천사는 초자연적 능력을 행할 수 있는 위대한 존재이다. 그래서 하나님의 위엄과 권능을 짐작할 수 있도록 비교의 대상으로 선택되었을 뿐이다. 시 29편 1절에서 만나는 '권능 있는 자들' 역시 동격으로 쓰였다. 시편 저자는 땅에서가 아닌 하늘의 존재들을 불러 여호와의 권능과 영광을 찬양하기 시작한다. 예배에의 초청이며 현재 예배하는 과정에서 천사들에게 진언하는 선포이기도 하다. 여기서 언급된 신들은 천사를 가리킨다고 확신하며 시 89편 6절 "신들 중에서 여호와와 같은 자 누구리이까"에서 말하는 '신들'과는 그 의미가 다르다.

그런데 시편은 고대 근동의 모든 우상신과 신화를 철저하게 배격한

다(시 115:3~7, 135:15~17). 나아가 "여호와께서 통치하신다"(malak)
는 말로써 여호와의 왕권을 명시하고 있다(시 96:10, 99:1 등). 그의 왕
권 사상은 전쟁에 능하여(시 24:8) 모든 불의한 악의 권세를 이기는 왕
이시며, 환난 날에 피난처가 되어 구원하는 왕이시기 때문이다(시 92:2,
9, 142:4, 5). 또한 목자로서 인애를 베푸시며 찬미의 대상이 되신다(시
91:1, 95:6, 7). 그러므로 시편에서는 우주를 다스리시며(시 135:6, 7) 역
사를 주관하시는(시 96:10) 천지의 대주재가 되신 하나님께 대한 신관
을 살펴볼 수 있다.

　　하나님이여 주의 도는 극히 거룩하시오니
　　하나님과 같이 위대하신 신이 누구오니이까 (시 77:13)

　　너희 중에 다른 신을 두지 말며
　　이방 신에게 절하지 말지어다 (시 81:9)

　　주여 신들 중에 주와 같은 자 없사오며
　　주의 행하심과 같은 일도 없나이다 (시 86:8)

　　위 본문은 이스라엘 공동체의 유일신 사상에서 매우 중요한 획이다.
여러 잡신들이 등장한 것 같이 보이나 백성들이 여호와 하나님을 섬김
은 일신교사상이 아니며 결코 하급신의 존재를 인정하지 않는다. 시 86
편은 교독문이나 기원문에서 자주 회자한다. 하지만 우상은 인간을 미
혹하며 헛된 영광을 부추기고 있다(암 2:4). 시편 독자들은 문제의 86

편에서 일대 전환을 경험하게 된다.

주여 주께서 지으신 모든 민족이 와서
주의 앞에 경배하며 주의 이름에 영광을 돌리리이다 (시 86:9)

그것은 주 만이 하나님이심을 위에서 밝혔다. 만물의 창조주요 우주적 왕권을 가지신 하나님의 주권행사가 선포되고 있지 않은가. 신명기 6장 4절, 유일하게 존재하시는 여호와(אֶחָד ehad, the LORD is One)를 증거 하는가 하면, 오직 한 분뿐이신 유일한 신으로서 왕권사상은 이사야의 기록에서도 철저하게 지목된다 (사 45:21).

너희가 나를 누구에게 비기며 누구와 짝하며
누구와 비교하여 서로 같다 하겠느냐 (사 46:5)

만국의 모든 신들은 우상들이지만
여호와께서는 하늘을 지으셨음이로다 (시 96:5)

하나님의 의로우신 만국 통치와 더불어 오직 한 분뿐이신 위대한 왕과 죽은 우상과는 비교될 수 없는 극한적 차이를 부각시키는 말씀이다. 시 86편, 96편은 유일신 사상의 근본을 확인해 준다.

만국의 모든 신들은 우상들이지만
여호와께서는 하늘을 지으셨음이로다

존귀와 위엄이 그의 앞에 있으며

능력과 아름다움이 그의 성소에 있도다 (시 96:5~6)

시편 46편 4절에는, 성전을 지존하신 이의 장막(tabernacle)의 거룩한 곳으로 흠모하였다. 히브리어 '엘리림'(אֱלִילִים elilim)은 우상들(idols)을 말하며 허수아비와 같이 수공품에 지나지 않는다. '엘로헤'(אֱלֹהֵי elohe,)는 신들(the gods)이며 곧 우상을 말한다. 6절에서의 성소는 '베미크다쇼'(בְּמִקְדָּשׁוֹ in his sanctuary)로 그의 처소에 거하신다는 의미이다. 하나님의 왕적 권위를 가지신 현현은 존귀와 영광 그 자체이시다. 하나님께서 거하시는 그 성소는 하나님의 처소, 곧 임재 장소가 된다.

이뿐만 아니다. 이스라엘의 유일신관은 하나님을 경배하는 찬송을 통해서도 견실하게 반영된다. 이스라엘의 신관이 포함된 주제에는 일반적 찬양과 개인과 민족 공동체가 드리는 찬양이 있다. 그 본질은 각 시편마다 하나님의 역사하심에 따라 예배자들의 응답 또는 제의적 공동체의 응답에서 나타나는 유일신 하나님의 화답이기도 하다. 예를 들면, 유일신 하나님을 찬양하는 공동체의 찬양에서 드러난다. 첫째, 이러한 찬송의 주제는 유일신만이 가지는 여호와의 영원하신 속성과 능력이 표현된다. 이때의 하나님은 대개 3인칭 단수로 나타난다. 하나님이 2인칭으로 불림은 아주 드물다(시 65:1). ① 일반적인 찬양 ② 하나님의 유일한 왕권을 찬양하는 시편으로써 유일신의 대관식이라는 말은 유의해야 할 용어이다. 하나님께서 어느 일순간에서도 왕이 아니신 경우가 있었는가? 이러한 왕권을 더욱 찬양하는 시기는 장막절의 절기를 비롯해 각종 축제 때에 백성들이 하나님께 충성을 새롭게 하는 실제의 경우였다(시 47; 93; 96~99편 등) ③ 간접적인 시온의 노래이다(시 46; 132; 137편). 둘째, 개인적인 찬송과 개인적인 감사의 노래에서. 셋째, 이스라엘 민족공동체의 감사로써 노래하였다.

내 뼈를 찌르는 칼 같이 내 대적이 나를 비방하여
늘 말하기를 네 하나님이 어디 있느냐 하도다 (시 42:10)

여호와는 모든 나라 위에 높으시며 그 영광은 하늘
위에 높으시도다 여호와 우리 하나님과 같은 자 누구리요
높은 위에 앉으셨으나 스스로 낮추사 천지를 살피시고
가난한 자를 진토에서 일으키시며 궁핍한 자를
거름 무더기에서 드셔서 (시 113:4~7)

이스라엘 백성 가운데 개인의 하나님이시며 이스라엘 민족공동체의 하나님이다. 시편 113편에서는 모든 나라 위에 높으신 하나님의 이름에 영광을 돌리며 찬양한다. 하나님은 자신을 낮추셔서 천지의 피조세계를 살피시며 가난하고 궁핍한 백성을 돌보신다. 이는 성육신의 예수 그리스도를 지상에 보내심으로서 나타나신다. 그러나 이방신들이라 불리는 우상은 높아지거나 낮아질 수 없다. 그것을 만든 재료가 철이나 흙, 금속과 나무에 지나지 않는다. 우상들은 그 존재 자체가 호흡 없이 죽어있기 때문이다. 속죄의 은총과 언약의 공동체를 세움과 열국을 다스리는 하나님의 영광에 이를 수 없는 것이다.

(4) 언약 사상

시편엔 하나님과 이스라엘 백성들 사이에서 언약공동체의 사연이 나타난다. 시편 22편과 89편, 132편에서 언약의 개념이 확고하게 작시되어 시사해 준다. 시편은 이스라엘의 구속사를 배경으로 하나님의 능동적인 임재에 대한 백성들의 응답으로 채워져 있다. 그들의 정서가 여호와 하나님의 능력과 자비 앞에서 감격에 벅차 기쁨을 감추지 못하거나, 때로는 고통과 애원을 담고 있으면서도 찬송으로 감사제를 올렸다. 또한 이스라엘 공동체는 하나님께서 자신들의 찬송 가운데 임재해 계심을 확신하였다(시 22:3~5). 하나님은 제의(공동체예배)를 통해 백성들을 결속시키는 언약의 끈을 사용하셨으며, 그들을 언약공동체로 받아들였던 것이다.

이스라엘 백성들은 가나안 정복 이후 12지파와의 언약갱신을 축하하는 형태로 공동체 의식을 재확인했던 것으로 나타난다. 곧 제의적 행사로서 첫째, 성막 중심 둘째, 예루살렘(zion) 중심 셋째, 솔로몬 시대의 성전 완공으로 말미암아 제의 행사는 한층 강화되었다. 그 결과, 시온으로 통용되는 예루살렘 제의는 언약공동체 예배의 중심지로서 위치를 차지하게 된다. 이스라엘 공동체의 정체성은 근본적으로 예배하는 공동체로써 확고하게 자리매김한다. 이는 성전중심 예배의 신앙이 이스라엘 백성 전체의 내면에 깊이 자리 잡고 있음을 보여준다. 따라서 많은 시편들이 성전 제의나 축하 행사 때, 낭송을 목적으로 지어지기도 했던 것이다.

이스라엘의 언약신앙에 따르면 개인은 공동체의 일원으로서 하나님과 직접 관련되어져 있기 때문에 하나님은 언제 어디서나 주권을 가지시며 자유롭게 개인을 만나주신다. 하지만 백성이 하나님을 만나기 위해선, 언제나 지정된 장소로 와 시간에 따라 하나님을 찾아야(구해야)한다. 이것은 이스라엘 공동체의 정체성과 맞물려 있음을 인지해야 할 사안이다(시 89:3, 7, 132:5~7, 13). 이때 개인은 오로지 공동체를 구성하는 한 일원으로서만 하나님과의 약속과 축복을 공유할 수 있는 것이다. 반면에, 백성들과 체결한 은혜의 수단에서 끊어져 고립되어 있다면, 이것은 상상할 수도 없는 혹독한 형벌이 될 것이다(삼상 26:9).

그러므로 이스라엘의 공동체 신앙에 의하면 성일, 월삭(사 66:23), 절기를 맞아 백성이 함께 성소에서 예배드릴 때, 거기엔 하나님이 임재해 계시는 것으로 이해되었다. 이런 까닭으로써 시편에 나타난 언약사상은 하나님과 언약을 맺은 백성들의 신앙이 제시된 89편과 132편에서 긴밀히 연결되어져 있다.

(5) 의義와 생명의 예배

A. 의와 율법의 속성

의와 생명의 소재는 제의 시편 가운데 애원시 유형에서 발견되는 증거들이다. 그 성격은 개인의 기원으로 나타난다. 의와 생명은 시편 가운데서 상당부분 윤리적이며 양심의 청결을 강조한다. 다시 말하면, 공동체 상호간의 공격성이 아닌 온전한 정직함에서 비롯된다. 따라서 의와 생명의 표현은 참회 시편과 긴밀히 연결되며 성전에 들어가는 노래에서도 발견된다. 성전 예배에 참여할 수 있는 일원의 자격을 갖추는 셈이다.

정직하게 행하며 공의를 실천하며
그의 마음에 진실을 말하며 (시 15:2)

곧 손이 깨끗하며 마음이 청결하며
뜻을 허탄한 데에 두지 아니하며 거짓 맹세하지 아니하는 자로다 (시 24:4)

특히 의인 욥의 생애에서 윤리적 정점을 이루었던 증언으로 알려져 있다(욥 31장 참고). 이러한 모범의 실례는 성도의 도덕성을 칭송할 수 있는 극치로 안내한다. 시편 제의로서 초대되는 참석자 자체의 기준이기도 하다. 시편 119편에서 독특하게 눈에 띄는 의인의 모습은 다음의 일곱 절에서 행위의 온전함을 의미하기도 한다.

내가 모든 재물을 즐거워함 같이
주의 증거들의 도를 즐거워하였나이다
내가 나의 행위를 아뢰매 주께서
내게 응답하셨사오니 주의 율례들을 내게 가르치소서
내 소유는 이것이니 곧 주의 법도들을 지킨 것이니이다
주의 입의 법이 내게는 천천 금은보다 좋으니이다
내가 주의 법을 어찌 그리 사랑하는지요

내가 그것을 종일 작은 소리로 읊조리나이다

내가 주의 율례들을 영원히 행하려고 내 마음을 기울였나이다

환난과 우환이 내게 미쳤으나

주의 계명은 나의 즐거움이니이다 (시 119:4, 26, 56, 72, 97, 112, 143)

시편 독자들은 지혜의 다양한 면모들을 기도와 같은 신앙고백에서 만나게 될 것이다. 성도의 의롭다는 확고한 신념은 자의식의 판단보다도 전적으로 하나님의 인정하심으로 드러난다. 시편에 제시된 의인사상은 가장 높은 윤리적 미덕이기도 하지만 무엇보다도 하나님께서 이스라엘 공동체와의 관계에서 성전에 임재(현존)하시며 백성 한 사람 한 사람에게 성실하게 언약을 지키고 계신다는 의미를 담고 있었다. 이러한 언약 관계가 지속되는 한 의인이라는 표현과 제의의 참여와 계명에 순종하는 행위가 성립되는 것이다. 이것은 이스라엘의 하나님께 충성을 다하는 다짐이며 믿음의 고백이었다.

주께서 내 마음을 시험하시고 밤에 내게 오시어서

나를 감찰하셨으나 흠을 찾지 못하셨사오니

내가 결심하고 입으로 범죄하지 아니하리이다 (시 17:3)

내가 나의 완전함에 행하였사오며 흔들리지 아니하고

여호와를 의지하였사오니 여호와여 나를 판단하소서

여호와여 내가 무죄하므로 손을 씻고 주의 제단에 두루 다니며 (시 26:1, 6)

이는 내가 여호와의 도를 지키고 악하게

내 하나님을 떠나지 아니하였으며 또한 나는 그의 앞에

완전하여 나의 죄악에서 스스로 자신을 지켰나니 (시 18:21, 23)

특히 시 15편에 증거된 '의'의 주제는 율법적인 완전무결을 뜻한다. 이것은 빈틈없는 모범적인 의인상을 대변해준다.

정직하게 행하며 공의를 실천하며 그의 마음에 진실을 말하며 (시 15:2)

그는 공의와 정의를 사랑하심이여

세상에는 여호와의 인자하심이 충만하도다 (시 33:5)

공의와 정의가 주의 보좌의 기초리

인자함과 진실함이 주 앞에 있나이다 (시 89:14)

행위에 결함이 없는 완전성이다. 하나님은 사랑이시지만 그 기초는 자신의 공의에 둔다. 하나님의 사랑은 불의를 정의로써 이기신다. 그러나 죄악을 용납하는 분이 아니시다(사 33:5). 구약의 인물 중 믿음의 조상, 이상적인 아브라함에게 말씀하시길 "너는 내 앞에서 행하여 완전하라"(창 17:1)고 말씀하셨다. 여기서 '타밈'(תָּמִים tamim 완전성)이란 말을 사용한다. 또한 복음서에서 그리스도는 제자들을 향해 너희도 온전하라고 동일한 비전을 선포하셨다(마 5:48 비교). 이러한 의인의 찬가들에서 돌이켜 그리스도께서 율법주의에 대해 경고하심은 우상숭배와 더불어 거짓되게 행하는 악인을 향해 심판의 메시지로 이끌어가고 있음을 보여준다.

악인에게는 하나님이 이르시되 네가 어찌하여
내 율례를 전하며 내 언약을 네 입에 두느냐 (시 50:16)

심판의 경고는 선지자들의 메시지에 있어 하나님과 이스라엘 백성들 사이에 그리고 백성들과 선지자들 사이에 긴장관계를 초래할 수밖에 없었다.

B. 의로운 문에 대한 관점

'성막'(מִשְׁכָּנוֹת miskanowta [a dwelling place], הַמִּשְׁכָּן hammiskan [the tabernacle] 출 40:34~36)의 문자적인 뜻은 여호와 하나님이 계시는 처소이다. 거기에 구원의 문이 있다. 오직 의인만이 성전 문을 통과하여 하나님의 임재 앞에 기도하러 들어가 희생제물을 바칠 수 있었다.

만군의 여호와여 주의 장막이 어찌 그리
사랑스러운지요 (시 84:1 **방점** '장막'은 מִשְׁכְּנוֹתֶיךָ miskenowteka, Your tabernacle)

이는 여호와의 문이라 의인들이 그리로 들어가리로다 (시 118:20)

우리가 그의 계신 곳으로 들어가서
그의 발등상 앞에서 엎드려 예배하리로다

여호와여 일어나사 주의 권능의 궤와

함께 평안한 곳으로 들어가소서

주의 제사장들은 의를 옷 입고

주의 성도들은 즐거이 외칠지어다 (시 132:7~9)

내가 주의 찬송을 다 전할 것이요

딸 시온의 문에서 주의 구원을 기뻐하리이다 (시 9:14)

이스라엘의 구원이 시온에서 나오기를 원하도다 (시 14:7)

감사함으로 그 문에 들어가며 찬송함으로 그 궁정에

들어가서 그에게 감사하며 그 이름을 송축할지어다 (시 100:4)

위에서 '시온의 문'은 곧 구원의 문이다. 시온이 예배 중심지로 집결
됨과 같이 그 문으로 들어가 구원의 소식을 나누며 선포하는 곳이다.
백성들은 여호와의 구원이 시온에서 나오기를 원했다. 이 통과 문은 의
인만 그곳으로 들어갈 수 있는 여호와의 문이었다. 즉 도덕적으로 흠이
없어야 했다(시 101편 비교). '발등상'은 법궤를 의미하는 듯하다. 법궤
를 칭하여 보좌의 발판(대상 28:2)으로 간주하며, 하나님을 천사들 사이
에 좌정해 계시는 분(시 99:1)으로 묘사하고 있다. 여호와께 아뢰는 '들
어가소서'는 히브리어 청유형으로 이스라엘의 민족적 정서로 보는 것
이 타당하다. 이는 법궤가 하나님의 안식처인 시온(예루살렘)으로 옮겨
졌을 때 불렀던 찬양으로 이해된다. 그리고 '의를 입는다'는 의미는 제

사장이 갖출 의로움의 모델을 말한다. 그는 축복의 통로이기 때문이다. 은혜의 복을 계시로 전달하는 섬김이 제사장의 근본 역할인 것이다.

C. 생명의 축제

생명의 능력은 축복으로 통용된다. 동시에 사망과 저주를 야기시키는 권고문이 되기도 한다. 여호와 하나님의 집에 거하는 백성은 제의에 관련해서 그 문을 통과해 들어가는 자임이 명백하다.

> 주께 힘을 얻고 그 마음에 시온의 대로가 있는 자는 복이 있나이다
>
> (시 84:5)

> 주께서 택하시고 가까이 오게 하사
>
> 주의 뜰에 살게 하신 사람은 복이 있나이다
>
> 우리가 주의 집 곧 주의 성전의 아름다움으로 만족하리이다 (시 65:4)

> 내가 여호와께 바라는 한 가지 일 그것을 구하리니
>
> 곧 내가 내 평생에 여호와의 집에 살면서 여호와의
>
> 아름다움을 바라보며 그의 성전에서 사모하는 그것이라
>
> (시 27:4 **방점** 필자)

위의 예문에서 히브리어 동사 '바라보다', '구하다', '사모하다'라는 단어는 하나님의 영광에 참예하는 것과 같은 긴밀한 동의어 관계이다. 이것은 '여호와의 선하심'(시 27:13)에서 볼 때, 예배 참석의 정당성을

인정하는 동기가 된다. 저자의 한 가지 소원은 평생 동안 여호와의 집에 살면서 여호와를 사모함이 그의 생명에 대한 끊임없는 반응이었다. 시편 독자들은 다윗의 시 63편에서 하나님의 영광에 참예하는 자들의 기쁨과 찬송을 만난다.

> 내가 주의 권능과 영광을 보기 위하여
> 이와 같이 성소에서 주를 바라보았나이다
> 주의 인자하심이 생명보다 나으므로 내 입술이 주를 찬양할 것이라
> 골수와 기름진 것을 먹음과 같이 나의 영혼이 만족할 것이라
> 나의 입이 기쁜 입술로 주를 찬송하되 (시 63:2~3, 5 **방점** 필자)

이에 하나님의 영광에 참예하는 자의 영적 만족감은 골수와 기름진 것으로 맛보며 신앙이 회복되는 기쁨을 선사한다. "주의 인자하심이 생명보다 낫다"함은 육체적 생명 너머에 존재하는 하나님의 헤세드(hesed)로 옮겨질 때 완전한 생명을 누리게 되는 것이다. 왜냐하면 생명의 원천이 하나님께 있기 때문이다(시 36:9). 시편 저자는 생명의 신비를 표현할 때 진실로 부족함이 없음과 잔이 넘치는 것(시 23:5)과 안전함(시 63:7)을 소망한다. 따라서 하나님은 이스라엘의 완벽한 피난처가 되며 영원히 만족할 수 있는 장막이 되신다. 시편 저자에게 있어 완전한 피난처는 다시 분깃의 신앙으로 나아간다.

> 여호와여 내가 주께 부르짖어 말하기를 주는 나의 피난처시요
> 살아 있는 사람들의 땅에서 나의 분깃이시라 하였나이다 (시 142:5)

이 분깃은 구역(땅)의 소득이며 기업의 아름다움은 배당 받은 상속인 동시에 매매될 수 없는 것이다(시 16:5~6). 민수기 18장 20절에 레위 지파를 위해서는 상속이 없는 대신 여호와 하나님 자신이 분깃이시다. 이는 출생 때부터 '힐기야'(Hilkiah, 여호와는 나의 분깃)라는 이름으로써 특이한 상속법의 예증이 되어 나타난다. 즉 물질적인 상속 그 이상의 신령한 것을 포함하고 있다. 시편의 생명신학은 한층 발전하는데 시 16편 10~11절과 73편 26~28절에서 분깃에 대한 영원한 즐거움으로 그 절정을 이룬다. 성전에 들어가 하나님께 예배하는 행위의 현장은 하나님의 임재와 관련된 생명에 대한 직접적인 선물이었다. 시편의 제의에서 이스라엘 공동체가 여호와의 구원을 이루게 됨은 숭고한 신앙의 분깃에서였다. 오늘에도 교회 공동체에서 선포되는 예수 그리스도의 말씀은 성도의 구원을 충족시켜 주신다.

D. 율법의 한계에 대한 반전

본 주제에 관해서는 독자들이 지금 당장은 다룰 소재가 아니다. 그렇지만 의와 생명의 예배에 있어 오늘에도 예배자의 필수불가결한 요소이므로 비중 있는 부분임에 틀림없다.

율법은 장차 올 좋은 일의 그림자일 뿐이요
참 형상이 아니므로 해마다 늘 드리는 같은 제사로는
나아오는 자들을 언제나 온전하게 할 수 없느니라 (히 10:1 **방점** 필자)

율법은 장차 오는 좋은 일의 그림자이다. 율법의 실체와 장차 오는 좋은 일의 대조를 보라. 현실에서 율법은 하나님 말씀의 근원이며 가나안 복지를 이루는 법제의 근간이었다. 그러나 율법은 오실 이의 진정한 형상이 아닌 한계성을 드러내고 있다. 율법에는 구약의 제의와 성막까지도 포함한다. 지혜를 선사하는 율법의 외적인 형상은 무엇인가? 첫째, 이것은 그림자에 해당하며 비실제는 아니지만, 불연속성을 가진 불완전함을 의미한다. 즉 율법은 미래에 오실 실체를 미리 증언해주는 과거의 증거인 것이다. 둘째, 참 형상이 아니라 함은 참 형상이 미래에 오실 것을 전제한다. 그러한 참 형상은 근본 하나님의 본체이신 예수 그리스도가 오실 이로서 좋은 일(십자가 구속)을 짊어지실 구원을 함축한다. 그는 골고다의 고난을 체휼하신 대제사장으로서 하나님의 아들이심을 가리킨다. 그 일은 영원한 구원과 하나님 앞에 담대히 나아갈 수 있는 구속의 도리이다. 따라서 불완전한 옛 언약이 성취할 수 없는 오실 이의 완전함을 뜻하는 것이다. 로드 맵(Road Map)의 소유 가치는 목적지에 도달하기 위해서이다. 허나 옛 언약인 율법으로는 해마다 속죄일을 지키며 희생제를 드리므로 하나님께 나아갔지만, 그러한 동물 제사는 일시적이며 불완전한 것이기 때문에 완전한 속죄를 위해서는 효력이 없는 것이다.

율법을 통한 제사는 양심의 죄까지 청결하게 할 수 없음을ㅡ 즉 동일한 의미의 예물, 제의, 성막과 같은 외적인 모형만 갖고는 양심의 오염으로부터 깨끗하게 건질 수 없는 일이다. 오직 예수 그리스도의 희생과 언약만이 인간 구원 성취의 효력을 나타낼 수 있다. 이것은 비밀이요 만세와 만대에 감추어졌던 것(골 1:26~27) 바로 그리스도이셨다고 선포한다. 여기서는 지혜의 시편으로 공인하는 시 119편을 통해 그러한 계명과 법도들로 말미암아 시편 저자가 명철하게 되었으니 여호와께서는 모든 거짓 행위를 미워하신다고 선포한다.

주의 말씀의 맛이 내게 어찌 그리 단지요 내 입에 꿀보다 더 다니이다
주의 법도들로 말미암아 내가 명철하게 되었으므로
모든 거짓 행위를 미워하나이다 (시 119:103~104)

이스라엘 공동체의 모든 남자는 매년 세 번씩 여호와 하나님 앞에 나와 세 절기를 지켜야만 하였다(출 23:14~17). 그러므로 시편 저자는 그 율법이 너무나 사랑스럽다고 감탄한다. 이것은 이스라엘 백성들에게 어떤 정보를 전달하는 것이 아니라, 삶에서의 감동과 실천을 심오하게 역설하고 있는 것이다. 다시 말하면 이스라엘 공동체가 하나님을 향해 소망하는 충성심이며 애정이었다. 먼저는 하나님의 명령으로서의 율법이며 다음엔 그 율법을 주야로 묵상하며 실천하는 것 그리고 율법이 인격적으로 폐기할 수 없는 동료이며 함께 섬기는 동반자가 된 것이다.

3. 인간관

(1) 고난의 인간상

시편에 나타난 인간성은 '언제까지 입니까?' '어찌하여'(시 13; 17편)라는 질문의 연발 속에서 주목받고 있다. 시편 저자들의 고난은 무엇

보다도 안타까운 삶의 현실에 있다. 하지만 그들은 탄식하고 눈물지으며 괴로워하는 절망적인 상태에서도 자신의 몸부림에 응답해 주실 분은 하나님 한 분 밖에 없다는 신앙고백을 견지한다. 하나님께서 아무리 침묵을 지키며 기다릴 것을 예고해도 하나님 외에는 의지하고 믿을 대상이 없다는 신뢰에의 충혈된 혈관이 파열된다. 그런 가운데서도 그들의 신앙심과 의지만은 파괴될 수 없다는 생동하는 기록들로 행간이 노출되어 있다. 시편들에 나타난 인간상은 시종일관 하나님과 관련된 계시의 감동을 맛보며 진리의 채광을 흡수하는 신앙 깊은 것임에 틀림없다. 제의 시편에 드러난 집요한 노래들은 히브리 경건문학의 상아탑 구실을 담당한다. 우리는 오랜 역사의 장벽과 문화충격이 있음에도 불구하고 그들의 신앙을 수용하여 왔다.

이제 시편에 나타난 눈물과 피의 경험을 더욱 자세히 살펴 그들의 정체와 회개와 구속의 역사를 더듬어 보기로 하자. 첫째, 그들은 왜 괴로워했는가? 둘째, 고난의 정체와 표현의 방식은 무엇이었는가? 셋째, 그들의 고난이 어떻게 해결되어졌는가?에 대해 먼저 그들의 고투하는 인간성을 밝힘으로써 접근해 보려는 것이다.

A. 고난의 정체

이스라엘의 경건생활이 고난 중에서 더욱 큰 빛을 발했음은 주지의 사실이다. 그들의 국가적 고난의 역사가 시편에 빠짐없이 점철되어 있는바, 그 이유는 물론 지리적인 악조건의 영향으로도 지적할 수 있겠다. 사방의 불온한 기후와 지대는 산업의 혜택은커녕 들짐승까지 가뭄의 고통을 겪어야만 했다(시 42, 63; 창 26:16 우물전쟁, 사 7:1 급수미비). 또한 '민족 수난가'(시 74, 79, 80편 등)를 통해 수도가 불타며 성전이 훼파되고 포로된 슬픔이 그들의 고난에 관한 역사적 굴욕과 패배의 여건으로 말할 수 있다. 침략자의 말발굽 아래로 잡혀가 체험했던 역사적 비애(시 137편)는 그 어느 민족의 시문에서도 발견하지 못할 것이다. 그러나 그들의 고난이 지리적이고 역사적인 것보다, 오히려 신앙적(종교적)이유 때문이었음을 더 절실하게 보여준다.

사람들이 종일 내게 하는 말이
네 하나님이 어디 있느뇨 하오니
내 눈물이 주야로 내 음식이 되었도다 (시 42:3)

우리가 종일 주를 위하여 죽임을 당하게 되며
도살할 양 같이 여김을 받았나이다.
주여 깨소서 어찌하여 주무시나이까
일어나시고 우리를 영영히 버리지 마소서
어찌하여 주여 얼굴을 가리시고
우리의 고난과 압제를 잊으시나이까 (시 44:22~24)

시 42편에서 랑게(John Peter Lange)가 주목한 것은 이스라엘 공동체가 겪는 결핍을 세 가지 동인으로써 나타낸다는 점이다. 첫째, 환경적 욕구. 둘째, 불만의 현실. 셋째, 하나님을 의지하는 신뢰를 기도함으로서 그 국면을 알려주고 있다. 시 84편도 이와 아주 유사한 배경이다. 동일한 짝을 이룬다 할 만큼 망명 중에 있는 저자의 순례적인 마음에 접근할 수 있다. 두 시편이 고라 자손에 의해 작시되었으며 시온에 서기를 열망(시 43:3 참고)하여 여호와의 궁정을 사모하는 연민으로 부르짖는다. 시 42편 6절에 조금만 관심을 기울이면 저자는 현재 성전에서 예배할 수 없는 의기소침을 토로하면서, 블레셋 북방에 위치한 곳에 있었다는 것을 일러준다. 아마도 지은이는 당시 요단 동편 지역에 유랑하고 있었는지도 모른다(삼하 17:24 참고). 이 시편은 그 시대의 다윗이 경험한 배경과 비슷하다. 42편 1절에 갈급하다(תַּעֲרֹג taarog, long)는 그 근본적인 뜻이 자신이 향한다, 돌이킨다, 기울인다는 말이다. 이는 단순히 고요한 열망이나 내적인 욕망이 아닌, 갈증의 고통에 의한 헐떡거리는 갈급함의 수위에 다다른 것이다. 이어 2절에서 갈망한다(צָמְאָה sameah, thirsts 또는 thirsteth)는 어휘는 사람의 영혼과 살아 계신 하나님과의 관계에 적용되는 말이다(욜 1:20; 시 84:2~3 참고). 즉, 들짐승까지도 목이 말라 생수를 구하는 메마름으로 해석된다. 그리고 2절에 묘사된 하나님의 얼굴은 '코람데오'(CORAMDEO 하나님 앞에서)의 실천이라고 할 수 있다. 중요한 것은 3~4절에서 보여준 눈물과 기억과 상심이다. 이는 시 19편 8절의 새롭게 된 영혼과 13~14절에 표현된 죄에서 벗어남과 상호 연결 지을 수 있겠다. 주를 잊어버린 듯한 상태에서 깨어나는 저자의 슬픔으로부터 하나님을 이전과는 달리 기억하게 되는 역설이 묘사된다.

여호와의 계명은 순결하여 눈을 밝게 하시도다
주의 종에게 고의로 죄를 짓지 말게 하사 그 죄가

나를 주장하지 못하게 하소서… 큰 죄과에서 벗어나겠나이다

나의 구속자이신 여호와여 내 입의 말과 마음의 묵상이

주님 앞에 열납되기를 원하나이다 (시 19:8, 13~14 **방점** 필자)

이것은 하나님이 자기 백성을 위해 은혜로서 임재하며, 멀어짐의 죄로 인해 비참했던 밤을 밝혀주는 빛이요 그 빛을 진리와 함께 보내시는 위로인 것이다(시 36:10, 57:4 참고). 이렇듯 고난의 정체는 이스라엘 민족의 수난사를 신앙의 투쟁 속에서 표현하는 극점이라고 말할 수 있다. 시 25장 17~21절에 이르면 한 개인의 참회 장면에서 자기 확장이 나타난다. 저자는 다윗 본인이다. 마음의 근심과 극심한 고난에 처해 있을 때, 자신을 고통에서 끌어내주며 그의 곤고함과 환난을 보고서 자신의 모든 죄를 용서해 달라고 주께 기원하며 속량해 줄 것을 탄원하고 있다. 죄는 외적인 대적들 때문이 아닌 그 자신 때문에 위협적인 것이 된다. 수많은 재앙과 죄가 덮치고 그에게서 떠나지를 않으니 그 자신이 떠나야 한다(시 40:12). 주석가 델리치(Franz Delitzsch)는 성실과 경건의 목표를 하나님께 두어야 한다고 조언한다. 인생이 구원에서 제외되는 것은 죄가 크고 비참해서가 아니다. 죄의 용서를 구하는 것이 부족해서이다. 이제 시편 독자들은 하나님의 언약과 증거를 굳게 붙들어야 한다. 그때 하나님은 인자(hesed)를 드러내시고 은혜와 진리로서 그 이름을 나타내실 것이다. 때로는 경건한 성도 역시 마음의 고통이 홍수처럼 말려와 고독과 비참함을 느낄 수 있다. 이러한 흔적들은 우상과 이방신을 인정하지 않으면서도 시 135편 15~18절에 나타나고 있듯이 신앙으로 말미암은 고난은 시편 경건의 특이한 점으로 부각된다. 보

다 경각심과 참회를 다루게 될 죄(מִזֵּדִים mizzedîm, from presumptuous, sins)와 죄과(מִפֶּשַׁע mippeša, of transgression 범법의)에 대한 고찰은 다음 항목에 나오는 인죄관人罪觀에서 자세히 찾아보도록 하자.

B. 고난의 표현
대개의 경우 저자의 표현은 애원시 구조에 포함되어 나타난다.

> 주여 나의 모든 소원이 주 앞에 있사오며
> 나의 탄식이 주 앞에 감추이지 아니하나이다 (시 38:9)

비록 탄식을 하지만 모든 소원이 하나님 앞에 이미 밝혀져 있음을 (시 3:3 참고) 확신한다. 다시 저자의 감정에 끓어오르는 괴로움을 참지 못하여 노래로 승화시키는 경우도 있다.

> 내 영혼아 네가 어찌하여 낙심하며
> 어찌하여 내 속에서 불안해 하는가
> 너는 하나님께 소망을 두라… 내가 여전히 찬송하리로다
> 나는 그가 나타나 도우심으로 말미암아
> 내 하나님을 여전히 찬송하리로다 (시 42:5, 11 **방점** 필자)

여기 몇 개의 동사 중 특히 '낙심하다'(shahah의 히필 동사), '불안해 하다'(hamah)는 시편 저자의 고난을 표현하는 감정 상태로서 어휘와 전후 내용을 통해 그들의 고민을 엿볼 수 있다. 동시에 시 11편 2절,

37편 4절에는 정직한 자를 중상하며 쏘며 죽이려 한다고 탄원한다. 시 109편 16절에 이르면 마음이 상한 자 혹은 무죄한 자를 핍박하며 죽이려 한다고 엎드린다. 이러한 표현이 나타나는 곳에는 항상 그들의 생명에 위협을 느낄 때이다. 그런데 이 말들의 어근은 의의 길을 걷는 사람을 지칭한데서 온 것이다. 정직과 무죄의 개념은 단순한 윤리면을 떠나서 고난 속에서도 하나님의 명령을 떠나지 않는 태도, 곧 경건한 삶을 목표로 하는 사람들의 결백한 신앙을 하나님의 공의 앞에 증거한 것으로 풀이할 수 있다.

C. 고난의 해결

이러한 연발이 결국은 고요한 확신의 노래로 끝맺고 있다는 것은 시편 사상의 경이로운 교훈이다. 시편 저자에게 몰아닥친 무서운 격동과 격렬한 공포는 사라지고 마침내 그의 기도는 굳건한 신앙으로 변하여 감사와 찬양으로써 하나님의 자비를 선포한다. 우선 고난의 해결점을 크게 두 가지로 생각할 수 있는데 첫째, 고난 받는 저자는 하나님의 진실과 사랑과 간섭에 호소하여 해결책을 강구했으며 둘째, 하나님께 대한 자신의 의지심을 갖고서 문제의 열쇠로 삼으려 했다.

① 하나님의 진실과 사랑과 간섭

(ㄱ) 하나님의 진실

아브라함이 하나님의 진실하심을 믿고(히 11:8) 순종하여 믿음의 조상이 된 것 같이(창 15:6) 호세아도 하나님의 진실을 간곡히 외쳤다(호 2:20). 이와 같은 사상이 죽음의 고난과 흑암을 경험했던 저자에게서 발로된다.

여호와여 내 기도를 들으시며
내 간구에 귀를 기울이시고
주의 진실과 의로 내게 응답하소서 (시 143:1)

또한 아무리 원수가 큰 고통을 준다고 해도 하나님의 진실만은 변함
이 없음을 고백한다.

야웨여 만군의 하나님이여
주와 같이 능한 이가 누구옵니까
야웨여 주의 진실하심이 주를 둘렀나이다 (사역, 시 89:8)

그러므로 하나님의 진실이 공동체의 노래이며 대대에 미치고(시
100:5) 그 진실이 궁창에 닿으며(시 108:4) 영원하여 할렐루야를 영창
하게 된다.

(ㄴ) 하나님의 인자(사랑)

하나님의 사랑을 말할 때 구약 전체에 대치되어 온 사랑은 '아하
브'(ahab)와 '헤세드'(hesed)이다. 아일랜드 출생으로 영어권 성경언어
의 비교연구와 '어휘-의미학'(Lexicology)에 뛰어난 재능을 발휘했던,
리처드 트렌치(Richard Chenevix Trench)에 의하면 선택적인 의미로는
'아하브'가 쓰였고(신 4:37, 10:15, 7:8 참고) 언약적인 의미로는 '헤세드'

가 쓰였음(시 106:45, 시 89:28, 33~34절 참고)을 알 수 있다. 그런데 헬라어 70인역(LXX)엔 전자가 아가페(αγάπη)로, 후자가 에로스(Ερως)로 번역되어(에로스Ερως는 카리스χάρις보다 좁게 쓰임) 흥미롭다. 시편에는 거의 헤세드로 기록되었는데 개역개정엔 긍휼, 자비, 인자 혹은 은혜로 번역되어 있다. 헤세드는 하나님의 속성을 나타내므로 그 용법은 다양하게 나타난다.

첫째, 사랑의 풍성하심 / 후하심 (rab 시 33:5, 86:5, 103:11, 119:64, 145:8 등)

둘째, 사랑의 크심 / 위대하심 (ggadol 시 77:13, 86:10, 103:11, 135:5, 145:8 등)

셋째, 사랑의 영원하심 (yolam 103:17, 107:1, 118:1, 138:8 등)으로 표현된다.

이 밖에도 시 136편은 "하나님의 은혜가 영원하다"는 주제하에 매 절마다 같은 구절을 반복하고 있다. 폰 라드에 의하면, 이 노래는 하나님의 구속사적 행동을 회상하며 예배 때의 신앙고백으로 사용했을 뿐만 아니라, 현재에도 하나님은 백성들의 생활 속에서 역사하고 계시는 고백으로 이해되고 있다. 이렇게 시편 저자의 경건은 하나님의 구원과 헤세드를 잊어버리지 않을까 항상 경계하였고(시 106:13) 하나님의 헤세드가 영원히 계속되는 구원역사를 희구하였다. 이러한 사랑은 언제나 하나님의 간섭하심에 따라 일어나는 것을 믿고 저자는 그 간섭이 유효하기를 간구한다.

(ㄷ) 하나님의 간섭(섭리)

여기에 따른 사상 배경은 무엇보다 출애굽 역사에서 시작한다(출

3:9; 신 26:5; 수 24:2; 왕상 8:58; 암 9:7; 사 43:5 이하). 그러므로 그들의 역사관은 철저하게 하나님의 섭리에 뿌리내리고 있다. 애원시 유형에서도 하나님의 간섭을 기원하는 것이 그 주제였다. '일어나소서', '깨소서', '돌이키소서', '구원하소서' 등은 하나님께서 지은이 자신을 위하여 간섭의 행동을 펼쳐달라는 간구인 것이다.

> 내가 환난 중에 다닐지라도 주께서 나를 살아나게 하시고
> 주의 손을 펴사 내 원수들의 분노를 막으시며
> 주의 오른손이 나를 구원하시리이다 (시 138:7 **방점** 필자)

> 위에서부터 주의 손을 펴사
> 나를 큰물과 이방인의 손에서 구하여 건지소서 (시 144:7 **방점** 필자)

이렇게 역사 안에서 행동하며 간섭하시는 하나님의 구체적인 손길은 신약의 참새 한 마리까지 다스리는 섭리의 사상으로 발전한다.

② 의지심

한편 고난을 극복하는 둘째 요소로서 의지심을 들 수 있다. 이것은 경건한 호소를 통한 하나님의 응답이라기보다는 고통당하는 저자가 하나님을 향하여 무엇을 할 수 있는가의 문제이다. 궁켈은 애원시군에서 이 의지적 시편을 모두 포함시켰으나 클라우스 베스트만과 제임스 뮬렌버그(C. Westermann & J. Muilenburg)는 의지시의 신학적인 내용을 애원시보다 중시하는 경향을 띠었다. 제의시의 문학엔 하나님께

대한 인간의 관심과 태도가 시어라기보다는 경건어(이렇게 말할 수 있다면)를 통해 고백하고 있다. '노래한다'(shir, 96:1, 2), '기도한다'(phallal, qara, 116:2, 4), '찬양한다'(zamar, 92:3, 147:1), '기뻐한다'(shamah, 97:12), '감사한다'(혹은 '고백한다' yadah, 시편에만 약 50여회 사용) 등의 경건어는 모두 '의지한다'(batah)는 신앙심에서 그 정수를 찾아낼 수 있다.

바이저와 헨리 로빈슨(Artur Weiser & Henry Wheeler Robinson)도 이를 지지했으며 특히 바이저에 의하면 '의지한다'는 동사 '바타'(batah)는 '아만'(aman) 동사 어간으로 표시된 '믿는다'(헤에민, heēmin)의 내용을 더 확대시켜 그것 대신으로 사용된 말로써 풀이한다. 이 말이 종교적 신뢰의 의미로 쓰인 것은 시편 내에 약 40회 가량이다.

이러한 표현법이 아니더라도 시편 자체의 주제가 의지사상으로 굳어진 것이 많이 있다. 시 23편은 좋은 예중의 하나이다. 환난 때에도 하나님은 자신의 피난처요, 요새이심을 확신하는 의지도 있다(시 46; 91편). 시 112편 6절 "그는 영원히 흔들리지 아니함이여" 등에서 신앙의 부동과 의지를 발견할 수 있으며, 이는 제의시에 나타난 고난 해결의 길잡이 역할을 한다.

(2) 인죄관

이스라엘 공동체가 하나님 앞에서 통과해야 할 고난의 실상이 과연 주변 환경이나 기후, 토양, 국제 정세와 맞물린 외세의 압제 및 사회 상황 그리고 내면적으로 제의 종교와 윤리, 이방의 조롱과 핍박당하는 범위뿐이었을까? 시편 저자와 공동체가 겪는 고난에 이어 죄의 문제도 전적으로 하나님의 헤세드에 의해 해결되어졌다. 에밀 오에스틀리는 "사회 법령과 풍속을 어지럽히는 것이 죄이다"라고 말하는 지적보다는 선지자 이전 시대의 술 취함, 간음(첩), 거짓말, 사기, 자살 같은 것은 뚜렷한 죄라고 계시되지 않았다고 말한다. 그러나 그의 견해에 동의할 수 없을 뿐만 아니라, 시편엔 오히려 더 큰 죄악으로 부각되고 있다. 특히 7대 회개시 그룹 중 두 편(시 6, 102편)엔 '죄'란 말이 없이 사죄를 아뢰었으나 시 32편 2~3절, 51편 5절, 130편 3절에는 개인적이며 윤리적인 죄들이 강조되면서 그것들에 대한 참회를 엿볼 수 있다. 다음에 나타나는 죄악의 중복 표현은 모세 오경 가운데서도 나타나며 시 103편에서는 사죄의 은총으로도 기록됨은 흥미로운 사실이다.

> 여호와께서 그의 앞으로 지나시며 선포하시되 여호와라 여호와라 자비롭고 은혜롭고 노하기를 더디하고 인자와 진실이 많은 하나님이라 인자(헤세드 hesed)를 천대까지 베풀며 악(페사아 pesha)과 과실(아온 awon)과 죄(하타아 hattah)를 용서하리라 그러나… (출 34:6~7)

이 외에도 구약에서 죄를 뜻하는 명사형 '라'(רַע ra 신 9:19; 시 103:10 등)와 시편에 많이 쓰인 동사 '라사'(רָשַׁע rasha)로 범죄, 사악하다, 행악(wicked)의 뜻으로 나타난다. 죄에 관해 사용된 히브리어 단어 3개의 뜻은 의미심장하다(시 91:8, 92:11, 94:2, 101:8, 104:35, 109:5~6,

141:4 등).

① '아온'(awon)은 대개 죄로 번역되었으며 불법, 부정과 같은 허물을 의미하는 말(iniquity)로서 왜곡된(twisted) 일이나 부정한 방법을 뜻한다.

② '하타아'(hattah)는 죄(sin), 죄인으로 번역되었으며 그 어원은 표적을 맞추지 못한다(missing the mark)라는 의미이다.

③ '페사아'(pesha)는 동사 '파사아'(pasha)에서 온 말로 개역개정에서는 '죄과'로 번역되었으며 계명을 범하는 죄(transgression), '반항' 혹은 '반역'(rebellion)을 의미한다.

이 죄악의 3중 구조를 시 103편과 그것의 기원으로 대칭되는 51편을 서로 관련 서술해 본다.

[표 5] 헤세드를 통한 죄의 탄원과 해결(용서)

	시 103편(해결)	시 51편(탄원)
עָוֹן awon 죄/허물	103:3 "그가 네 모든 **죄악**을 **사하시며**" 103:10 "우리의 **죄악**을 따라 우리에게 그대로 **갚지는 아니**하셨으니"(106:6, 125:5, 130:3, 8)	51:2 "나의 **죄악**을 말갛게 씻으시며"(51:4, 32:2 참고)
חַטָּא hattah 죄/죄인	103:10 "우리의 **죄**를 따라 우리를 **처벌**하지는 **아니**하시며"(104:35, 109:7, 14)	51:2 "나의 **죄**를 깨끗이 제하소서"(51:4, 31:10, 32:1 참고)
פֶּשַׁע pasha 죄과	103:12 "우리 **죄과**를 우리에게서 **멀리** 옮기셨으며"(65:3)	51:1 "긍휼을 따라 내 **죄과**를 지워 주소서"(51:3, 32:1, 39:8 참고)

이로써 헤세드로 말미암아 우리의 죄를 담당하시고 용서하시며 도말하시는 죄의 해결을 살펴보았다.

4. 구원관

시편은 신약처럼 구원의 개념이나 그 범주가 명확히 확립되어 조직적인 신학체계로 제시해 놓지는 않는다. 그렇지만 시편의 신학사상을 한마디로 요약한다면 곧 왕권사상이라고 말할 수 있다. 시편의 모든 연구가 이것과 결부되어 진행되고 있다. 따라서 시편의 구원관 역시 왕권을 중심으로 해석함이 적절하다. 브라질 출생, 미국의 로마가톨릭교 구약신학자 존 로렌스 맥켄지(John Lawrence Mckenzie)는 왕권과 구원관계를 3개의 동심원을 적용해 표현하였다. 그는 10개의 언어로 독학했던 사제로서 저명하며 『구약신학개설』과 영어권 세계에서 90만 단어로 엮은 『성경사전』을 편찬해 가장 자주 사용하는 대중적인 사전으로 널리 알려져 있다.

[표 6] 구원의 구심점 - 하나님의 뜻

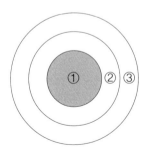

① 이스라엘 백성을 위해
　 행동함으로 구원하심

② 우주 창조주요 보존하시는 하나님

③ 공의와 자비의 왕,
　 우주적 심판과 구원하시는 하나님

물론 이 다이어그램이 점점 확산되어가는 진화적 과정을 의미하는 것은 아니다. 하나님의 섭리를 하나의 구심점으로 한 동시적인 왕권행사를 이론으로 보여 준 예라 하겠다. 그러므로 시편의 구원관 고찰은 이스라엘의 역사 이해(구속사)와 히브리어의 근간 없이는 그 연구가 신빙성을 갖추기에 용이하지 않을 것이다. 필자는 이스라엘 백성들이 선과 악 또는 악인과 의인의 대립된 상황 가운데서 하나님을 의지하며 도움의 손길을 바랐던 구속사적 차원에서 살펴보았으며, 동시에 하나님의 왕권과 관계된 우주적 구원 및 메시아 기대사상을 도출해 냄으로써 시도해 보았다.

(1) 하나님의 구속 행적

시편에 나타난 인간과 하나님과의 관계는 150편 전역을 통해서 대화형식으로 나타난다. 이러한 이유 때문에 하나님께서 말씀하시고 역사하신 것에 대하여 백성들은 신뢰함으로써 이스라엘 종교는 응집력을 갖게 되었다. 애원과 찬양의 양극성은 개인이나 공동체의 삶 모두에 있어 하나님께 절대적으로 의존하는 인간 실존 전체를 에워싸고 있다. 선과 악, 축복과 저주 사이를 왕래하는 추의 진동은 시편에서 만큼 급작스럽고도 더 완전한 것을 찾기 어려울 것이다. 이스라엘 백성들은 하나님과의 관계에서 공동체와 개인을 분리할 수 없는 연대 사상을 배태시켰다. 그들은 전적으로 열방을 향한 열방의 찬양과 제의적 감사를 전제하여 여호와의 구원행적을 상기한다.

곧 아브라함과 열조들에게 주셨던 약속(시 105:8, 47:9) 가운데서 애굽으로부터 구원(시 105:37, 106:8), 가나안 입성(시 136:21, 78:5), 목동 다윗을 택함과 왕국의 건설과 보존(시 78:70, 89편) 등의 역사 가운데서 나타나셨다. 이처럼 구속의 위대한 단계들마다 기쁨과 감사로 노래한다. 이것은 현재의 곤궁 중에서도 행동하시는 분은 바로 여호와이시라는 신앙을 굳건히 했다. 그래서 언약의 하나님을 주체로 한 미래의 행적 역시 그의 최초의 은혜와 공의로 이루어지리라는 소망은 좌절되지 않았다.

> 여호와께서 시온의 포로를 돌려보내실 때에
> 우리는 꿈꾸는 것 같았도다 (시 126:1)

이 같은 기쁨은 하나님께서 다음과 같은 기도를 들어 응답하실 때에도 누릴 수 있었던 것이다.

> 여호와여 우리의 포로를 남방 시내들 같이 돌려 보내소서
> 눈물을 흘리며 씨를 뿌리는 자는 기쁨으로 거두리로다 (시 126:4~5)

이 노래는 이스라엘 백성들의 영원한 왕국의 기쁨을 증거하며 영원한 축복에 대한 확신이다. 그들은 심연으로 부르짖는(시 130편) 구원을 성취하며, 죽음의 문턱을 박차고(시 116편) 하나님의 현존 속에서 영혼의 안식을 누리게 된다(시 23, 91편).

(2) 우주적 구원관

여호와 하나님께서 우주의 왕이 되신다는 것은 출애굽 때부터 계시되어 왔다(출 15장 참고. 시 24:8). 전쟁에 능한 하나님(시 24:8; 민 23:21~22)은 백성 가운데 왕으로 거하시며 이스라엘을 통치하셨다.

하나님은 예로부터 나의 왕이시라
사람에게 구원을 베푸셨나이다 (시 74:12)

오라 우리가 여호와께 노래하며
우리의 구원의 반석을 향하여 즐거이 외치자.
여호와는 크신 하나님이시요 모든 신들보다
크신 왕이시기 때문이로다 (시 95:1, 3)

새 노래로 여호와께 찬송하라
그는 기이한 일을 행하사… 구원을 베푸셨음이로다
수금으로 여호와를 노래하라… 나팔과 호각 소리로 왕이신
여호와 앞에 즐겁게 소리칠지어다 (시 98:1, 5~6)

왕이신 나의 하나님이여
그는 자기를 경외하는 자들의 소원을 이루시며
또 그들의 부르짖음을 들으사 구원하시리로다 (시 145:1, 19)

반면에 '구원'과 '왕'이라는 말은 사용하지 않지만 공의로운 통치와 사죄의 은혜를 고백하기도 했다(시 146; 149편). 이러한 구원과 통치는 이스라엘뿐만 아니라, 전 우주를 지배하는 왕권으로 나타난다. 이 기원에 대해서는 이미 '드보라의 노래'(삿 5장)에서 잘 드러내고 있다. 여호와께서는 세일과 에돔 광야에서 나오셔서 시스라를 대적하고 백성들을 건지시기 위해 전진하는 분으로 표현되고 있다. 드보라는 에돔에서도 여호와께서 주가 되심을 믿었다. 성경고고학의 권위자 윌리엄 올브라이트(William Foxwell Albright)에 의하면 당시 에돔인들은 하나님을 인정하지 않고 그들의 대표적 국가신 '카우스'(Qaus 궁의 신, 삿 5:4; 합 3:3, 7 참고)를 경배했으나 여선지자는 하나님의 우주적 구원을 선포했던 것이다.

　　결국 하나님의 구원은 심판을 전제로 한 종말론적 신앙에서 해석할 수 있다. 시편 저자는 마지막으로 실현될 왕국의 미래를 내다보며 제의에서 찬양한다(시 46:2, 3, 66:5, 93:3, 4, 98:7~9). 공의와 공평의 왕이신 여호와께서(시 97:2) 성도들의 영혼을 악인의 손에서 건지시며(시 97:10) 그의 구원을 땅 끝까지 알게 하신다(시 98:2, 3). 한편으론 공의로 세상을 심판하시며(시 98:9) 그는 거룩과 헤세드의 속성으로 인하여 세상을 심판할 수 있으시다(시 99:3, 4). 여기 '심판하다'(shaphat)라는 동사는 죄악을 정복하고 압제당하는 자를 구원할 수 있는 지혜와 능력의 적극적인 행사를 뜻한다(시 9:4, 7~8, 16~19). 그러므로 하나님의 심판은 그의 구원 능력의 최종적 표현인 것이다.

(3) 메시아 기대사상

시편이 신약의 복음서에 나타난 그리스도와 결합될 때, 시편에 강조된 왕은 다윗의 가문이나 동시대의 왕으로 해석하기보다는 오히려 미래에 올 왕에게 더 큰 관심을 쏟고 있음을 고려해야 한다. 미래에 올 왕이란 무궁한 평화가 지배하는 제국의 번영을 정의로 보존하실 분(사 9:7)이시다. 신약의 기자들은 그러한 메시아사상(Messianism)을 의식하고 있었다. 그리고 그들은 주님의 인격 안에 완성된 메시아적 예언을 인용하였던 것이다(마 21:42 - 시 118:22; 마 22:44 - 시 110:1; 행 2:34 참고, 요 13:18 - 시 41:9; 행 2:25~28 - 시 16:8~11; 행 4:25 - 시 2:1).

메시아 기대에 나타난 구속역사의 목적은 우주적인 회중 즉 하나님의 나라를 완성하는 것인데 여기서는 사람의 생각이 하나님의 뜻과 완전 조화가 된다. 그의 영광스러운 왕국의 회복은 우주적 질서 확립의 용어로 표현되었으며 이 통치권은 독생자 예수 그리스도가 성육신하여 사람을 죄와 마귀의 권세에서 구원하러 오신 것과, 그가 영광 중에 재림하셔서 영원한 나라를 건설하심으로써 완성된다. 우리가 드리는 공예배에서도 '전능왕 오셔서'(새찬송가 10장)를 찬송하며 아버지의 "뜻이 하늘에서 이루어진 것 같이 땅에서도 이루어지이다"(마 6:10)라고 기도한다.

따라서 왕권시들은 복음의 상황에서 읽고 묵상하며, 그리스도를 통해서 하나님께서 불의와 죽음의 세력을 쳐부수는 그의 왕국이 시작되었음을 증언하는 것이다. 그런데도 저자들은 벌써 승리를 가져왔고 또

맛보고 있음을 노래한다.

> 모든 나라 가운데서 이르기를
> 여호와께서 다스리시니 세계가 굳게 서고
> 흔들리지 않으리라 그가 만민을 공평하게 심판하시리라 할지로다
> 하늘은 기뻐하고 땅은 즐거워하며… 그가 임하시되
> 땅을 심판하러 임하실 것임이라 (시 96:10~11, 13)

여기서 폰 라드는 하나님의 '심판'(שָׁפַט shaphat 동사)을 형벌의 심판으로 보지 않고 오히려 '조정'이나 '바르게 돕는' 뜻으로 해석한다. 그러나 우리는 필히 종말에는 하나님의 왕국이 완전하게 성취될 것을 믿는다. 그의 오심은 심판하시기 위해(히브리어 כִּי ki 문장, for/because) 오시는 것이다. 그때에 신천신지가 열릴 것이며 완전한 구원의 환희를 찬양하게 될 것이다.

5. 성전관

성전에 관해서 기록된 시편 중 가장 아름다운 노래는 시 84편으로 나타난다. 시편 저자는 성전 제단에 보금자리를 둔 참새와 제비를 부러워한다.

> 내 영혼이 여호와의 궁정을 사모하여 쇠약함이여…
> 주의 궁정에서의 한 날이 다른 곳에서의 천 날보다 나은즉

악인의 장막에 사는 것보다 내 하나님의 성전 문지기로

있는 것이 좋사오니 (시 84:2, 10)

이 노래의 중심은 여호와 하나님은 제의와 성례 이외에서는 만날 수 없다는 것을 전제한다. 이로써 이스라엘의 신앙생활은 하나님의 성전과 시온을 중심으로 이루어졌음을 알 수 있다. 시편 저자가 제의에 관해 무엇을 말할 땐 그 중심은 언제나 성전이 아닐 수 없다. 제의시에서 성전의 단일성은 당연히 고정되어 나타난다. 한편 제의시가 성전 외의 다른 지역에서 노래할 수 있었다는 가능성을 배제하는 의미는 아니다.

본장은 앞서 유형에서 살펴 본 순례시의 주제에 관한 고찰이다. 경건한 저자들이 성전을 바라보는 희열(시 122편)과 그 곳을 향하여 올라가는 정서(시 100편)는 성도聖都 시온에 도달하여 제의를 체험하며 충만된 기쁨을 소유한다(시 134편). 하지만 시편 내에서 제의 절차를 구체적으로 밝혀주는 시가 없음은 안타깝다.

(1) 시온(Zion)의 전래

시온이란 예루살렘에 있는 언덕 이름이다. 지정학적 용어로는 요새, 안전한 곳, 또는 성채라는 뜻에서 유래되었다. 기원전 10세기 경 다윗왕이 성을 건설했으며 그의 아들 솔로몬이 여호와의 성전을 건축한 곳이다. 성스러운 산이라 일컬었으며 유대 민족의 신앙중심이었고, 예루살렘 및 이스라엘 백성 전체의 상징이 되었다. 이 언덕은 원래 여부스의 영토이자 요새였다(삼하 5:6). 그런데 다윗왕이 전투에서 승리하여 다윗성이라 명명하고서 중심지로 거듭난다(삼하 5:7~9 참고). 하나님의 언약궤를 안치하면서부터(왕상 8:1) 시온은 이스라엘의 찬양과 예배 중심지로 거듭난다(시 2:6, 20:1~2, 48:12). 따라서 예루살렘 성전은 하나님의 이름을 두기로 작정하신 곳이다. 솔로몬은 이 성전을 봉헌할 때 성전이 기도하는 장소임을 가장 크게 강조했다(왕상 8장). 솔로몬이 작시한 시편인 72편 20절에서도 "이새의 아들 다윗의 기도가 끝나니라"라고 했던 바 솔로몬을 위한 기도의 완성편임을 읽을 수 있다.

이 시편에서는 예루살렘을 중심으로 하여 의로운 왕의 기도가 세계 끝까지 미칠 것을 예언하는 문맥을 보여준다. 이런 까닭에 시온 시편들은 예루살렘 성전 또는 시온산과 주의 장막, 여호와의 처소 등 장소 자체를 기린다. 이들 시온 시편 그룹은 본래 예루살렘 및 거기서 일어난 일들에 관한 저작이었다. 예를 들면 시 46: 48: 76: 84: 102: 122: 125: 132편 등이다. 주지하다시피 시온은 이스라엘과 맺은 언약과 선택적 예배로 모이면서 하나님께 헌신하는 하나님의 백성 자체를 상징하기도 하였다. 즉, 구약의 예언이 구약에서 성취된 장소이자 하나님이 보호하시는 백성들의 상징이었다. 몇몇 시온 시편은 단지 장소뿐만 아니라, 백성에 대해서도 분명하게 언급한다. 하나님이 백성들 가운데 거하시기 때문이다. 여기서 하나님의 선택과 언약적인 사랑이 나타남은 하나님의 영을 통해 하나님이 거하시는 거처로써 표현되기 때문이다.

오직 유다지파와 그가 사랑하시는 시온산을 택하시고 … (시 78:68)

이스라엘의 구원이 시온에서 나오기를 원하는도다 (시 14:7)

딸 시온의 문에서 주의 구원을 기뻐하리로다 (시 9:14)

시온의 돌들도 … 티끌까지 주의 종들이
시온의 돌들을 즐거워하며 은혜를 받나이다 (시 102:13~14)

이스라엘 백성들은 그 땅의 여러 지역에서, 특히 절기를 따라 예루살렘을 찾았다. 이러한 참예는 그들의 염원이자 기쁨이었다. 이스라엘의 '순례의 노래'는 여기에 연유해서이다('성전에 올라가는 노래' Song of Ascents 참고). 순례자들은 그들이 겪는 여정의 어려움과 위험에도 불구하고 임재하시는 하나님 앞에 나아가려는 갈망과 추구로써 예배하는 기쁨을 형상화한다. 오늘날에도 실제 그리스도를 통해서 예배로 나아가는 시온산의 행렬(상징)은 뭇 성도들과 천사들이 함께 하나님을 예배하는 신령한 은혜인 것이다.

너희가 이른 곳은 시온산과 살아 계신 하나님의 도성인 하늘의
예루살렘과 천만 천사와 하늘에 기록된 장자들의 모임과 교회와 …
(히 12:22~23)

(2) 시온의 노래

시편 81편과 118편을 헹스텐버그와 프란츠 델리치(Franz Delitzsch)

그리고 궁켈은 시온에 서 열린 유월절 제의 행사 때 불렀던 노래로 주장하나, 게르하르트 키텔(Gerhard Kittel)이나 모빙켈은 장막절 행사로 보았다. 장막절을 주장하는 이유는 시 81편 3절의 '월삭'(חֹדֶשׁ 호데쉬 hodesh 민 29:1 참고)을 중시했기 때문이다. 박윤선 교수는 민수기 28장 11~15절과 관련시켜 월삭은 매달 초하루에 지켜진 것이므로 오히려 유월절(보름)을 저작 동기로 삼았다고 지정한다. 그달 초하루에 지냈던 월삭 행사가 상기되었을 뿐이라는 것이다. 이는 제의 행사 때 불리어진 것이며, 폴 오브리(Paul Auvrey)는 시편에 나타난 대표적 '시온의 노래'를 시 46, 48, 76, 87, 132편의 다섯 편으로 꼽는다(이 외에도 넓은 의미에서 더 찾을 수 있다). 그런데 시온의 노래는 찬양시 범주에 속하나 그 구조상의 많은 차이를 드러낸다. 찬양시는 그 중심부에 하나님의 역사와 속성을 전개시키고 있으나 시온의 노래는 주로 시온의 견고성을 강조한다. 그리고 시온의 노래 중에는 예루살렘에 대한 인사와 축복(시 84:1~4, 122:2~9)을 기원한 점을 고려하면 순례시 유형에 포함될 성격도 있는 것이다.

요아킴 예레미아스(Joachim Jeremias)는 시온의 노래에 나타난 세 가지 공통된 문장구조를 밝혀준 바 있다. ① 시온이 하나님에 의해 영광된 옷을 입고 보호받고 있음을 고백하며 여성적인 명사문(딸)으로 시작하는 것을 주시하였다. ② 여성적 표현의 내용적인 근거가 완료동사로 나타나며 ③ 종결 부분에서 명령형을 사용하여 여호와의 권능선포와 서원을 수행하도록 요구하고 있음을 제시하였다. 따라서 시온의 노래는 시온 묘사와 하나님의 속성을 열거하는데 그치지 아니하고 나아가 그것을 고백하며 찬양했음을 알 수 있다.

(3) 시온 노래의 특징

시온의 노래는 하나님의 속성이나 권능을 칭송할 때 표현한다. 시온 찬양 구절이 때때로 예루살렘 성전이나 거룩한 성을 의미함으로써 간접적으로 묘사된 경우도 있다. 시온 찬양은 이러한 찬양시 그룹 안에서 세부적인 부분으로 취급하기에 적합한 노래들이다. 시온의 노래라는 용어는 시 137편 3절에 등장한다. 바벨론 포로생활 동안에 누군가가 유대 백성을 향해 '시온의 노래'를 부르라고 요구한 것에서 유래된 듯하다. 시온의 노래는 예루살렘의 영광을 찬양하도록 저작된 듯한데, 궁극적으로 하나님을 찬양하는 노래로서 참담하게도 포로 된 자들에게 불러보라 했으니 하나님을 찬양하는 노래를 어떤 여흥으로 즐기려는 조롱 섞인 표현이기도 한 것이다. 누가 이 노래를 요구했는지는 정확히 암시되지 않고 있으나 포로 된 유다 백성을 가까이에서 감시 감독하는 자들이 아닐까 추정해 본다.

존 하르그리브스(John Hargreaves)는 제안하길, 시온의 노래는 하나님을 찬양하는 시이며 시온의 영광은 곧 여호와를 뜻한다고 설명한다. 이 범주에 속하는 시편은 46, 48, 76, 87, 122편과 132편이 가능한 것으로 본다. 시편 독자들은 특히 시 87편에서 저자가 예루살렘 성城에 대해서 언급할 때, 신약의 우주적인 복음과 관련지어 묵상해야 할 사안이다. 여기 87편의 구절에 유의해야 할 이유는 ① 시온의 기초(1절)

② 시온의 시민들(4절) ③ 시온의 근원(7절)이 왕국시대를 열어가는 예언적인 면이 있기 때문이다(사 2:1~4; 습 3:16~17 참고). 그리고 장차 열방으로부터 수많은 사람들이 하나님의 구속된 백성으로 돌아온다는 것을 기억해야 한다. 독자들은 앞서 유형분류에서 살펴본 대로 찬양시 그룹에서 다시 환기해 보면 그 의미를 보다 명료하게 이해할 수 있을 것이다. 이 저작 그룹의 특징은 각 시편을 소개하는 표제가 없다는 점이다.

(4) 시온 노래의 실제

이 명칭은 시 137편 3절에서 왔으며, 그 예찬은 48편 2절이 증거한다. 시온의 노래들은 여호와가 그의 백성 중에 거하기 위해서 지상의 중심인 시온을 택하셨음을 표현한다(시 132:13~14). 그래서 누구든지 하나님과 제의적인 접촉을 꾀하려면 그가 선택하신 곧 성전으로 와야만 했다(시 84:1, 122:1, 7). 그런데 우주적 구원을 선포하는 현금에 이르러 시온을 제의의 중심지로 강조했다고 함은 어딘가 이스라엘에 대한 편파적인 생각이 없지 않다. 그러면 시온이 왜 온 땅의 기쁨이고, 광야의 생물에게 물을 주는 시냇물의 근원이 거룩한 산으로서 각광을 받았는가?(시 46:4; 겔 47:1, 12; 계 22:1~2 참조). 이는 시온이야말로 하나님이 이스라엘에게 계시한(혹은 이스라엘을 통하여 세계에 계시한) 구속사적 의미의 중심부라는 개념을 시편 저자들은 놓치지 않고 있었기 때문이다. 따라서 저자들의 신앙 수용 태도는 하나님의 우주적 영광을 강조하면서도 시온의 중요성을 파기하지 않는다. 이스라엘 제의에 있어 이러한 시오니즘(Zionism)은 하나님께서 우주적 왕이시라고 하는 탁월한 신학적 주제를 표출한 왕권시로 연결된다.

(5) 시온과 예루살렘의 제의적 위치

여호수아서 18장 21~28절에 보면 예루살렘은 여부스 족속의 성읍으로 여호수아가 베냐민지파 자손에게 분배해준 지역에 든다. 이 예루살렘이 제의공동체 속에서 어떠한 위치를 차지했는가에 대해서는 먼저 시온과의 관계를 해명하고 난 이후의 문제이다.

A. 시온과 예루살렘

시온의 지리적 위치는 예루살렘 동남부의 요새화된 언덕을 가리키며 하나님의 언약궤(삼상 4:4 이하) 옮겨진 최초의 장소가 예루살렘이었던 다윗성(시온성)이었던 까닭에 이것은 한 이름처럼 쓰이게 되었다고 볼 수 있다. 그리고 '다윗성'이란 이름 또한 다윗에 의해 보수 확장된 시온성을 가리키는데 대개 시온성과 동일시되었다(왕상 8:1; 대하 5:2). 후에 솔로몬이 시온성에 있던 언약궤를 성전으로 옮긴 뒤에도 시온의 명칭이 성전지역에까지 확대 사용되어 예언서에서는 예루살렘과 동일시하게 되었다. 이러한 배경 하에서 시편엔 시온이란 명칭이 예루살렘보다 2배 이상(비율 38대 17) 사용되었다.

B. 거룩한 장소

하나님의 현현이 특정한 장소에 이르렀을 때 이스라엘 지파들은 그

곳을 중심으로 제의 공동체를 이루어 나아갔다. 특히 세겜, 실로, 길갈, 그리고 예루살렘이 성소로서의 기능을 발휘하게 된 이유는 언약궤가 거기 안치해 있었기 때문이다. 이 궤 앞에서 순례자들은 기도를 드렸고 구원을 응답 받았다(삼상 4:3). 그런데 엘리 제사장 당시 이 언약궤를 블레셋과의 전쟁에서 빼앗기자 '실로'의 성소는 패망하게 된다(시 78; 60~62편). 그렇지만 언약궤가 상실된 이후에도 예루살렘은 여전히 하나님의 거룩한 곳으로 추앙받게 되었다. 『이스라엘의 역사』를 집필했던 마틴 노트(Martin Noth)가 이 사실을 지지한다.

C. 성소

다윗은 유다와 이스라엘의 통일 왕국의 수도로서 예루살렘을 택하여 언약궤를 예루살렘으로 옮겨와 제의적 집결지로 확정함으로써 정치와 제의에 대한 확고한 지도력을 가지게 되었다. 그러나 이스라엘 백성들에게 있어서는 도읍으로서의 예루살렘보다는 하나님 현현의 성소로서 예루살렘을 더 찬미하였고, 성전이 건축되자 이 성소는 결코 상실될 수 없는 독특한 신성이 주어지게 되었다. 이것은 솔로몬의 통일왕국이 남북으로 분열된 후에도 여전히 흠모의 대상으로 노출되었으며 유다 왕국이 망하고 마침내 성전이 파괴된 이후에도 지속되었던 것이다.

D. 시온의 축제

시 78편에 따르면 저자는 당시대인과 후손들을 경계하기 위해서 이스라엘의 죄악사를 알려준다. 그리고 다윗을 세워 이스라엘의 새 시대를 개막했던 사실을 밝혀 준다. 이제 다윗과 시온을 중심으로 한 새로운 통치체제의 계약(시 78:68~72)을 이해함으로써 시온 선택의 섭리를 살펴보아야 할 것이다. 이 계약을 이해하기 위해서는 사무엘하 6~7장의 다윗 기사를 깊이 통찰해야만 한다. 다윗이 자신의 궁궐처럼 훌륭한 여호와의 전을 건축하기 원했다. 그러나 나단 선지자는 이러한 계획에 반대하고 여호와가 다윗에게 영원한 왕조를 줄 것을 약속하는 신탁(oracle)을 주었다. 그리하여 여호와는 다윗을 왕으로 세우고 시온을 그의 특별한 거처로써 선택하였던 것이다.

다시 132편에 이르면 다윗과 여호와의 계약과 '헤세드'(hesed)에 의한 시온의 선택을 기념하는 제의가 등장한다. 주경신학자 박윤선은 그의 『시편주석』에서 78편의 기자를 솔로몬으로 추정한다(대하 5:2~5 참고). 시편 저자는 다윗이 여호와를 위해서 성소를 지을 의도를 회상하며(1~5절) 예루살렘 성전에서 궤를 들고 행진했을 때 드렸던 제의를 재현한다(6~10절). 그리고 이스라엘 예배자들은 궤에 대한 옛 노래를 회상하면서(민 10:35~36) 여호와께서 벌써 거할 처소를 발견하셨다는 말씀을 선언한다.

오직 유다 지파와 그가 사랑하시는 시온 산을 택하시며
그의 성소를 산의 높음 같이 영원히 두신 땅 같이 지으셨도다
(시 78:68~69)

여호와께서 시온을 택하시고 자기 거처를 삼고자 하여 이르시기를
이는 나의 영원히 쉴 곳이라 내가 여기 거주할 것은 이를 원하였음이로다
(시 132:13~14)

오라 우리가 여호와의 산에 올라가서 야곱의 하나님의 전에 이르자

그가 그의 도를 가지고 우리에게 가르치실 것이니라 …

이는 율법이 시온에서부터 나올 것이요

여호와의 말씀이 예루살렘에서부터 나올 것임이라 (미 4:2)

시편 공동체에게는 예루살렘을 하나님으로부터 선택된 성소요 산성으로서 시온의 이름이 주도적인 제목이 되어 왔으며 난공불락과 영원한 생명샘을 지닌 흠모의 대상이 되었다(시 15:1~4; 대상 11:4~9 참고). 시온의 축제에 참여하는 예배 공동체는 종교적 충성심을 표현하는 성전관을 갖고 있었던 것이다.

6. 내세관

(1) 제의에 나타난 종말사상

월터 하렐슨(Walter J. Harrelson)이 제시한 이스라엘 제의의 종말론적 주제는 ① 하나님의 뜻을 이루시기 위해 장차 오실 왕에 관한 것 ② 시온에 관한 것 ③ 영적 출애굽 ④ 계시의 성취와 하늘나라의 통치에 관한 것들이다. 이 네 가지 주제들은 모두 이스라엘 공동제의를 반영하는 예언서에 잘 나타나 있다. 그러나 예의 주제들이 찬양시나 감사시처럼 어떤 유형을 갖추고서 드러나지는 않는다. 다만 제의적 상황 속에서 산재해 있을 뿐이다.

(2) 사후의 세계와 저주

A. שְׁאוֹל (스올 Shᵉol 음부)과 인과응보

대부분의 시편들이 음부와 인과응보에 대한 반응으로서 이스라엘 선조들의 전통적인 사상을 그대로 수용하고 있다. 즉 행복이 신앙의 결과로 얻어지는 것이라면 불행은 불신 때문에 임하는 징벌일 수밖에 없다는 생각이다. 그렇지만 일상생활과 전통 속에서는 인정할 만한 규범윤리나 흡족한 답을 얻지 못했던 것이다. 이러한 점을 시편 저자들은 깊이 통찰하여 악인의 형통은 잠시 동안의 풍전등화처럼 덧없는 것이며, 참된 축복의 위장에 불과하다고 믿었다(시 37:1~8, 49:16~20 등). 때로는 악인에 대해 참을 수 없는 분노(복수심)로써 부들부들 떨며 비탄에 빠지기도 한다. 그러나 내세 구원의 확신으로 주님의 공의로우신 응보를 기원한다.

> 내 영혼을 스올에 버리지 아니하시며
> 주의 거룩한 자를 멸망시키지 않으실 것임이니이다 (시 16:10)

> 범죄자들은 함께 멸망하리니 악인의 미래는 끊어질 것이나
> 의인들의 구원은 여호와로부터 오나니
> 그는 환란 때에 그들의 요새이시로다 (시 37:38-39)
> 하나님은 나를 영접하시리니 이러므로
> 내 영혼을 스올의 권세에서 건져내시리로다(셀라) (시 49:15)

폰 라드와 폴 오브리는 스올을 실체가 없는 가상의 세계 혹은 망각의 세계로 여기고 거기에선 참된 보상과 실제적인 징벌이 불가능하므로, 이승에서 당장 의인의 권리를 회복시켜 주어야 한다고 격분과 실의에 차있는 시편 저자가 외치는 말이라고 주장한다. 특히 폴 오브리는 하나님께서 음부로부터 구출(시 30:3, 86:10)하여 주심으로 말미암아 망각과 부패를 맛보지 않게 된 것을 선언하고, 그로써 현세 집착적 응보사상을 말하고 있다고 보았다. 그러나 시편 저자의 진정한 토로는 그러한 것이 아니라, 시 49편 15절 '나를 영접하시리니'(동사 יִקָּחֵנִי yiqah, 미완료형, shall receive me, to take hold of~)란 말은 현세가 아닌 내세에 그 영혼을 그의 나라로 데려가심을 가리킨다. 한편으로는 악인이 사후에 그 영혼이 스올에서 징벌 받음을 뜻한다(시 9:17, 31:17, 55:15). 또한 139편 8절 '스올에 내 자리를 펼지라도 거기 계심'은 음부로 가서 누워 숨는다는 뜻이 있으므로 그곳은 망각의 장소일 수 없는 것이다. 그러므로 시편 저자는 인간의 고통과 무상을 탄식하다가 내세 사상에 이르러서는 천국으로 향하는 구원의 길을 보이고 있다. 칼빈은 이 구절들이 명실상부한 구속 교리임을 제시하였다.

B. 저주

시편 안에는 저주의 표현이 적지 않는 사례로 나타난다. 그렇다고 무슨 유형이나 그룹을 이루고 있다는 말은 아니다. 시편 전체에서 저주의 요소를 단 일절이라고 갖고 있는 시는 모두 열여덟 편을 넘지 못하며 이들 총 368절 가운데 분명한 저주를 담은 내용은 65절 정도이다. 이들 저주의 내용들이 응보와 스올 사상으로 점철되어 있음은 주목할

만하다. 이구절의 전후 문맥은 하나님의 심판을 전제로 나타난다.

하나님이여, 그들을 정죄하사…

그 많은 허물로 말미암아 그들을 쫓아내소서 (시 5:10)

악인의 팔을 꺾으소서

악한 자의 악을 더 이상 찾아낼 수 없을 때까지 찾으소서 (시 10:15)

그들이 하는 일과 그들의 행위가 악한 대로 갚으시며

그들의 손이 지은 대로 그들에게 갚아

그 마땅히 받을 것으로 그들에게 갚으소서 (시 28:4)

…악인들을 부끄럽게 하사 스올에서 잠잠하게 하소서…

무례히 의인을 치는 거짓 입술이 말 못하는 자 되게 하소서 (시 31:17~18)

내 생명을 찾아 멸하려 하는 자는 다 수치와 낭패를 당하게 하시며…

다 물러가 욕을 당하게 하소서 (시 40:14, 70:2, 71:13 참고)

뜨거운 숯불이 그들 위에 떨어지게 하시며

불 가운데와 깊은 웅덩이에 그들로 하여금 빠져

다시 일어나지 못하게 하소서 (시 140:10)

물론 이러한 저주들이 해당 시편의 주제는 아니다. 그런데 바깥으로

남이 불행해지기를 바라는 악담같이 보이는 실례로써 가장 날카로운
형태로 나타나는 것은 시 35, 69, 109편에서다.

내 생명을 찾는 자들이 부끄러워 수치를 당하게 하시며

나를 상해하려 하는 자들이 물러가 낭패를 당하게 하소서

그들을 바람 앞에 겨와 같게 하시고

여호와의 천사가 그들을 몰아내게 하소서

그들의 길을 어둡고 미끄럽게 하시며

여호와의 천사가 그들을 뒤쫓게 하소서 (시 35:4~6)

그들의 밥상이 올무가 되게 하시며

그들의 평안이 덫이 되게 하소서

그들의 눈이 어두워 보지 못하게 하시며

그들의 허리가 항상 떨리게 하소서

주의 분노를 그들의 위에 부으시며

주의 맹렬하신 노가 그들에게 미치게 하소서 (시 69:22~24)

그의 자녀는 고아가 되고 그의 아내는 과부가 되며…

그들의 황폐한 집을 떠나 빌어먹게 하소서…

그의 자손이 끊어지게 하시며

후대에 그들의 이름이 지워지게 하소서

그 죄악을 항상 여호와 앞에 있게 하사

그들의 기억을 땅에서 끊으소서 (시 109:9, 13, 15)

시편 독자들은 신실한 의미에서 이러한 내용들을 악담이나 저주문으로 수락할 수 있겠는가? 아무튼 저주의 내용이 제의시에 나타나고 있다는 사실에 대해 그 정당한 근거를 제시할 수 있는가? 이것은 결코 쉬운 문제가 아니다. 왜냐하면 모세의 율법조차 사사로운 복수를 금할 뿐만 아니라, 원수에게 친절을 베풀 것을 명하고 있기 때문이다(레 19:18; 출 23:4~5). 또한 신약에서 그리스도는 "원수를 사랑하라"(마 5:44) 하셨고 사도 바울 역시 "보복은 하나님께 있음"(롬 12:19; 신 32:35 참고, 잠 25:21~22)을 고백하지 않은가. 시편 저자 자신이 율법에서 복수를 금하고 있음을 몰랐거나 의심했다고 단정하기는 극히 불가능하다. 앞서 밝힌 세 시편(시 35, 69, 109편) 중엔 저자의 너그러운 마음 또한 표출되고 있다.

> 내가 나의 친구와 형제에게 행함 같이 그들에게 행하였으며 (시 35:14)

> 나는 사랑하나 그들은 도리어 나를 대적하니 나는 기도할 뿐이라
> (시 109:4)

우선 이 문제의 시편을 누가 기록했느냐가 해결의 실마리가 될 수 있겠다. 저주하는 주체는 개인이 아니고 민족 전체적인 것으로 말하는 학자도 있으나, 앞서 저주시군의 열여덟 편 가운데 열세 편과 주의를 요하는 세 편 모두가 표제의 근거에서 다윗의 저작으로 인정하는 만큼 고려의 대상이 된다. 지은이는 오직 다윗이다. 구약 역사를 볼 때 제의 저주는 에발산(신 27장)의 율법선포(모세로부터 레위인들이 받아 고함)

때부터 이미 시작되고 있었다. "~하는 자들은 저주를 받을 것이라 할 것이요, 모든 백성은 아멘 할지니라"고 한 것은 대단히 암시적이요, 모든 백성들이 인정한 긍정적인 표방이었다. 모빙켈과 필립 하렐슨은 바벨론 신화에도 아키투 축제(신년제) 때, 창조신 마르둑으로부터 하나의 변경될 수 없는 저주가 있었다고 한다. 이들은 저주가 신통력이나 마술적인 기능을 가지고 있어 원수들의 재앙에서 건짐 받기 위하여 사용되었으며 히브리인들의 생활과 뗄 수 없는 존재가 되었다고 생각한다.

그렇다면 생명을 갈취하려던 사울을 두 번씩이나 살려 주었으며 마침내 그 원수가 길보아산전투에서 죽었을 때 애도하며 심금을 울렸던 (Song of the Bow) 다윗이 그토록 잔인한 복수의 성격을 노출시켰다고 볼 수 있는가? 그러면 무엇일까? 최근 로마가톨릭교에서는 그들의 『성무일지』에 시편 58, 88, 108편을 삭제하지 않았는가? 오브리에 의하면 로마가톨릭교에서는 현세적 스올 개념과 연옥설로 말미암아 저주 내용의 적용을 꺼려하는 경향이 있다. 다윗도 이들처럼 인간적이고 현세적인 것으로만 적용했겠는가? 우리는 우선 저자의 종말사상을 이해하여야 하며 동시에 그의 저주의 내용들은 단순히 복수심에서 우러나오는 이방 제의적인 주문이 아니라, 저주를 포함한 일련의 시들이 직접 하나님을 향해 말하는 형식을 취하고 있음을 간과해서는 아니 된다. 그는 하나님의 마지막 심판을 확신하고 있었던 것이다(시 1:5, 16:10~11, 58:11, 69:28 등).

최근 존 드윗(John DeWitt)은 역사서 안에서의 다윗(용맹과 불굴)과 시편 속에서의 다윗(애원과 찬양)에 대해 대조해 놓음으로써 히브리 시적 표현에 관한 밀도를 드높였다. 그는 역사서는 산문(prose)인 반면 시편은 어디까지나 시(poetry)라는 사실을 언제나 고무해야 한다고 주장하였다. 따라서 산문과 운문의 차이를 염두에 두고서 여기에 나타난 종말사상과 저주의 진의를 논해야 한다.

첫째, '저주시편군'은 하나님의 공의가 입증되기를 바라는 성도의 간절한 내세적 열망으로 나타난다(시 9:7, 19, 58:11 등). 이는 구약의 욥기, 잠언, 전도서의 주제인 「신의론」(Theodicy)에서 살펴볼 수 있다. 다윗은 원수들의 안락을 직시하고서 그의 믿음이 심한 시련에 봉착되었을 때, 하나님의 공의를 통하여 여호와의 살아 계심과 타인의 의심이 종식되기를 현실적으로 바랐던 것이다. 결국은 죄를 심판하시는 종말관과 현세에서도 하나님의 공의가 사람의 양심을 감찰하기를 열망하였다.

악인이 악을 끊고 의인을 세우소서
의로우신 하나님이 사람의 마음과 양심을 감찰하시나이다 (시 7:9)

세계를 심판하시는 주여 일어나사
교만한 자들에게 마땅한 벌을 주소서 (시 94:2)

둘째, 하나님과 하나님의 왕국을 위한 열심에서 표현되었다(시 69:9, 요 2:17 참고). 그 당시 하나님의 왕국은 교회적인 형태라기보다 신정군주정치 형태로 존재하였으며 하나님께서 제정하신 왕권에 대해 다윗은 그의 생애를 하나님의 왕국과 관계된 직무자로서 왕직을 보유하고 싶었던 것이다. 그가 엔게디 광야의 한 동굴에서 원수를 죽일 수 있는 호기가 있었으나 그 기회를 이용하지 않았다. 십 광야의 하길라 산에서도 그랬다. 진영을 세워 깊이 잠든 사울을 신성불가해하게 한 것은 부하로서의 충성심이나 옛적에 받은 호의에 대한 보은이거나 요나단과의 우정 때문만은 아니었다. 그 까닭은 오로지 '여호와의 기름부음'(Lord's Anointed)을 받은 자이기 때문이었다(삼상 24:6, 26:9~10). 그는 신성모독죄를 범할 생각은 없었다. 하나님의 대리자로서 청년 시절 이미 사무엘로부터 기름부음을 받았던 그는 사사로운 원수가 아니라, 하나님의 원수로 보았던 것이다. 또한 다윗은 사울에 의해 불의하게 통치권이 행사된 왕직에 자신을 선정하셨다는 하나님의 뜻을 깨닫고 그 직무가 장차 자신과 관계될 것임을 알고 있었다. 또한 내세의 영원한 왕국에 임할 하나님의 통치를 신뢰했던 것이다.

> 하나님이여 나를 살피사 내 마음을 아시며
> 나를 시험하사 내 뜻을 아옵소서
> 내게 무슨 악한 행위가 있나 보시고
> 나를 영원한 길로 인도하소서 (시 139:23~24 **방점** 필자)

셋째, 구약 성도의 죄에 대한 증오심의 발로였다(시 5:9~10). 다윗은 사울이 그를 박해하고 아들 압살롬이 반역할 즈음 그들의 주위에서 책동하고 아첨했던 악인의 전횡에 대해 분노와 증오를 느꼈던 바이다. 그는 죄의 화신인 원수들에 대해 하나님의 심판을 탄원할 때, 개인적 증오보다 하나님의 원수임을 더 명시하고 있다.

> 하나님이여 그들을 정죄하사
> 자기 꾀에 빠지게 하시고
> 그 많은 허물로 말미암아 그들을 쫓아내소서
> 그들이 주께 배역함이니이다 (시 5:10 **방점** 필자)

> 그들이 주를 대하여 악하게 말하며
> 주의 원수들이 주의 이름으로 헛되이 맹세하나이다
> 여호와여 내가 주를 미워하는 자를 미워하지 아니하오며
> 주를 치러 일어나는 자들을 미워하지 아니하나이까
>
> (시 139:20~21 **방점** 필자)

넷째, 회개치 않는 죄인들에 대한 예언적 교훈들이다(시 7, 37, 63편 등). 이제 시편 독자들은 성령의 감화로 기록된 시편 내에서 하나님의 계시를 발견하게 될 것이다. 다윗은 선지자로서 예언의 말씀(נְאֻם neum 삼하 23:1~7)을 갖고 있었다. 그래서 그는 하나님의 진노를 하나님의 원수들에게 경고할 사명을 느꼈던 것이다. 모든 표현엔 악인의 종말이 계시되어 있으며 써진 동사는 거의 미완료로 나타난다. 이것은 하나님께서 언약하신 대로 행사하실 일에 대한 예고인 것이다.

> 그 재앙은 자기 머리로 돌아가고 그의 포학은
> 자기 정수리에 내리리로다 (시 7:16)

악인들은 멸망하고 여호와의 원수들은 어린 양의

기름같이 타서 연기가 되어 없어지리로다 (시 37:20)

나의 영혼을 찾아 멸하려 하는 그들은 땅 깊은 곳에 들어가며

칼의 세력에 넘겨져 승냥이의 먹이가 되리이다 (시 63:9~10)

이러한 저주의 내용은 신약에 와서 더욱 극한 표현으로 나타난다(막 9:44, 46, 48; 계 20:15 등). 이는 계시의 점진에서 볼 때 내세 사상과 도덕 수준이 신약보다 강하지 못했음을 시사한다. 신약의 제자들도 시편의 경건성을 한층 고조시켰다(요 15:25; 롬 11:9,10).

그러므로 이상 네 가지로 살펴 본 저주의 시편은 고차적인 진리와 의와 선과 사랑에 의하여 넘치는 마음의 발로라고 할 수 있다. 이는 의분에서의 극복이며 압박자들의 잔인성과 사악을 규탄하고 희생적인 자기 수난에 대해 하나님 편에 서서 내세의 보응을 희구하는 것이기도 하다.

(3) 시편과 종말의식

이스라엘의 예배는 임재하시는 하나님께 응답하는 형식을 취한다. 하나님의 강림은 백성들과 피조물에 대한 목적을 이루시기 위함인데 백성들에게 행하신 구속사 안에 이미 설명되어져 왔다. 우리는 영생에의 소망을 가지며 오늘의 교회 예배에 참여한다. 또한 장래 천국생활의 한 모형으로서 예배가 되기를 희구한다. 왜냐하면 신약의 "주여 오시

옵소서"(계 22:20)라는 기도는 단순히 심판하실 주님을 기다리는 것 너머 있는 천국의 삶을 지향하는 신앙고백으로 이해하기 때문이다. 천국의 매력- 시온의 영광과 평강의 처소로 이끌어 올리는 살아 계신 하나님을 뵙기 위해서이다. 이스라엘 백성들은 시편 공동체 제의 속에 표현되고 이미지화한 그대로 그들의 모든 삶은 예배에 결속되어 있었다. 오늘날 시편 독자들은 그들 공동체의 제의, 순례, 찬양, 애원, 왕권, 감사, 메시아 기대, 저주에 걸친 총체적인 예배 행위에 대해 이해와 지성을 갖추고 있어야 하겠다.

시편 독자들은 이제 늦출 수 없을 만큼 명백하게 드러난 그리스도의 십자가를 대면한다. 그리스도의 부활사건 앞에서 천국의 기쁨으로 찬송하며 재림을 기다리는 예배로 나아갈 수 있는 것이다.

종합 결론

이외에도 천사관(영물사상)과 지혜의 시편 등을 살펴볼 수 있겠으나 예배시편의 주요 신학 범주를 우선시하였다. 이상과 같은 주제들이 제의시 내부에서 교의 신학사상을 이루고 있는 주요소들이다. 곧 제유형의 구조와 특징에 근거하여 다음의 교의적 주제들을 도출해 낼 수 있다.

1) 이스라엘의 유일신관
2) 이스라엘의 언약사상과 의(義)와 생명이 있는 예배
3) 고난의 원인과 인죄에 대한 하나님의 헤세드(hesed)

4) 하나님의 우주적 구원과 메시아 기대사상

5) 이스라엘의 성전관과 시온 노래의 실제적 특징

6) 이스라엘 제의에 나타난 종말의식과 스올(Sh'ol)과 저주들

이렇듯 시편은 그 전체로 보아 교의적인 기도요 노래인 것이다. 개혁자 루터와 칼빈과 시편강해의 베테랑 성 어거스틴(St. Augustine)과 찰스 스펄전(C. H. Spurgeon)은 이 점을 빠뜨리는 일 없이 증거하고 교의적 풍부함을 해설하였다. 이들은 시편 본문의 유기적인 영감과 영적인 의미를 통찰하였다. 동시에 계시의 진전과 이스라엘이 처했던 역사적 상황을 면밀히 검토하여 필생의 교훈을 남겨주었던 것이다.

필자는 이들이 남겨준 교의론을 중심으로 종합적인 주제를 살펴보았던 바, 축자적인 것을 넘어 시편에 함축된 하나님의 구원계획과 예고를 논리적으로 전개하였다. 그것은 결국 그리스도를 통한 그리스도 안에서 구원의 완성이다. 시편은 단순한 사건만의 정보를 전달하는 시문학은 아니다. 이 속에 그리스도의 동정녀 탄생으로부터 수난, 탄식, 죽음, 부활의 기쁨과 하나님의 나라에 이르기까지 그리고 오늘날 시편 독자들의 교회생활과 올바른 교회관까지 적나라하게 예고해 주고 있다. 때때로 저주와 심판의 긴장감이 노출되는 경향이 짙다. 그러나 종말론적 견지에서 하나님의 공의와 시편 저자들(특히 다윗)의 경외심을 이해할 때 긴장은 명료해진다. 이것은 오직 하나님의 계시에 기초한 것이며 결코 로마가톨릭교에서 말하는 바, 하나의 스캔들이 될 수 없는 것이다. 성 어거스틴도 『신국』의 초안을 시편에서 가져왔다. 땅에서 하늘

로 올려드리는 찬양의 노래이며, 하나님의 말씀으로 선포되는 히브리인의 정서대로 정직한 표현과 이미지로 충만하다.

그러면 오늘 시편 독자들은 제의 시편 속에서 무엇을 얻을 것인가? 무엇이 오늘의 예배가 되어야 할 것인가? 왜 시편 안에서 호흡하고 묵상하며 산책하는가? 어떻게 오늘의 예배에 참여할 것인가? 이제 그만한 경외심과 진실한 기도가 우리에게 있는가를 마지막 단원에서 관찰해 보고자 한다.

VI

시편의 효용
시편의 선교와 메시지의 표현

The Expression & Images of the Psalms

1. 시편과 세계 선교

선교에서 중요한 3각 다이어그램은 모교회(Mother Church)와 선교기관
(Mission Board) 그리고 선교현장(Mission Field)이다. 어떤 이는 이것을 선교구
조의 상호 역학이라고도 부른다. 그러나 이보다 훨씬 앞선 개념으로 세계
선교의 4요소는 요한계시록 7장에서 하나님의 사역을 맡은 이스라엘 족속
이 아무도 셀 수 없는 흰 옷을 입고, 손에 종려가지를 든 채 세계 열방의 성
도들이 등장한다. 세계 선교에 있어 구속받은 백성들에 대한 획기적인 구
절이다.

각 나라와 족속과 방언에서 아무도 능히
셀 수 없는 큰 무리가 나와 흰 옷을 입고… (계 7:9 **방점** 필자)

한편 각 족속과 방언과 백성과 나라 가운데(계 5:9) 드러난 표현은 세계 보편적 인류에 대한 선교의 결과들이다. 이는 예수 그리스도의 구원이 차별 없이 모든 사람들에게 적용되는 선교 신학적인 선포의 대상을 의미하기도 한다. 여기서 '가운데'(ἐk 에크)는 인종이나 언어에 제한되지 않은 곧 하나님의 '기쁘신 뜻'(엡 1:5)대로 선택하신 예정과 사실을 가리킨다. 킹제임스 성경엔 '족속'을 혈연(kindred)이라 번역하였다. 이것은 설명이 필요 없는 바, 세계의 각 나라와 그 민족 그리고 언어의 총 집산을 의미한다. 너무도 경이로운 나머지 방점을 찍은 부분은 선교사인 필자가 강조하고픈 표현이 나오기 때문이다. 캘리포니아주 파사데나에 소재한 풀러신학교(Fuller Theological Seminary)에서는 세 분야의 신학전공과 박사학위과정 졸업식장에 하나의 전설 같은 에피소드가 있다. 한국으로부터 유학한 대학원생들이 다수를 이루다보니 학위 수여식엔 많은 한국인이 있어 여기저기서 한국말이 자연스럽게 들려올 수밖에 없는 분위기이다. 이날 메시지를 담당하는 행정직 교수들은 이구동성으로 천국에서는 어느 나라의 언어를 사용할까요? 라고 첫 질문을 던진다. 졸업식장 분위기를 한층 업 시키기에 좋은 아이디어라고 생각한다. 필자도 1990년 초기에 이러한 에피소드를 그곳에서 직접 경험하였던 것이 기억에 생생하다.

시편 역시 이러한 언어의 대두가 온 땅과 모든 민족과 만민들과 왕들과 열방에 의해서 결코 소홀히 취급되지 않는다. 고대 이스라엘 사람들은(모세시대로부터 신약 중간기인 마카비 혁명시대와 하스몬 왕조에 이르기까지) 온 민족이 시편을 예배시간 중에 노래할 때, 무슨 생각을 했는지 궁금하다. 이 발상은 필자에게서 처음 생겨난 것이 아니라, 일찍이 구약신학자 크리스토퍼 라이트(Christopher J. H. Wright)가 던졌던 질문이기도 하다. 그렇지만 이 부분은 그저 지나가자. 그래도 시편 독자들은 바르게 이해하기를 바란다. 구원자 그리스도께서 오시기 천여 년 전, 이스라엘은 세계 역사에서 작은 지역에 지나지 않았으며, 예루살렘 역시 지도상에서는 작은 언덕의 소담한 성에 지나지 않았을 무렵의 노래인 것이다.

시편은 비록 옛 노래이지만 세계선교를 새롭게 한다. 시편은 선교의 노래를 듣는 독자들에게 이 음악에 참여하기를 초대하고 있다. 노래는 지나간 세상을 종결지으며 새 노래로 복음전파를 축하한다. 시 96편의 전반부는 온 나라들과 민족들이 거주하는 편만한 곳, 곧 땅에 초점을 맞춘다. 이어 창조세계를 선포하며, 후반부에서는 모두 나와 새 노래로 여호와를 찬양할 것이며 여호와께서 모든 것을 다스리신다(10절)고 열정어린 축제를 올린다.

새 노래로 여호와께 노래하라
[온 땅]이여 여호와께 노래할지어다 (시 96:1)

주여, 주께서 지으신 모든 [민족]이 와서
주의 앞에 경배하며 주의 이름에 영광을 돌리리이다 (시 86:9)

너희 [만민]들아 손바닥을 치고

즐거운 소리로 하나님께 외칠지어다
뭇 [나라]의 고관들이 모임이여 아브라함의 하나님이
[백성]이 되도다 세상의 모든 방패는
하나님의 것임이여 그는 높임을 받으시리로다 (시 47:1, 9)

[온 땅]이여 여호와께 즐거운 찬송을 부를지어다 (시 100:1)

이에 뭇 [나라]가 여호와의 이름을 경외하며
이 땅의 모든 왕들이 주의 영광을 경외하리니 (시 102:15)

하나님의 구속사역의 대상은 이처럼 세계의 [온 땅]과 [나라]와 [민족]과 역사의 모든 [언어]를 총망라한 것이다. 여기에는 일찍이 하나님과 아브라함 사이에서 맺은 언약체결의 조건성과도 상통한다. 하나님께선 아브라함과 더불어 큰 민족과 후손을 이루겠다고 약속하셨다(창 12:1~3, 17:7). 아브라함으로 하여금 아브라함 안에서 강대한 나라가 되고 천하 만민이 복을 받게 될 것이라고 하신 언약이다. 이 언약은 백성들의 삶에 있어서 하나님의 명령과 법도 아래 존재하며 지키는 것을 함축하고 있다. 순종이 따르고 믿음으로 이루어지는 하나님의 간섭(주권)이 은혜의 토대가 된다. 이것이 시편 본문에 나오는 두 용어에서 모두 사용되었다. 곧 '모든 나라'와 '모든 족속'에 해당하는 대상이며 마태복음 28장에 선언된 선교의 지상명령(Great Commission)에서 절창을 이루게 된다. 하나님은 아브라함과의 약속을 지키심과 동시에 부활하신 그리스도를 통해 그리스도 안에서 미래 구원을 내다보는 선교적 대위임령에도 시편의 선교메시지를 연결시키시는 것이다.

2. 시편의 메시지

오늘의 예배와 메시지는 시편으로부터 커다란 힘과 영향을 받아 온 것임을 부인할 수 없다. 시편의 예언과 기도는 신약의 그리스도에게 귀결되어 복음의 충만감을 맛보게 하며 성도들의 영적 필요에 충족한 영감과 교훈을 실제적으로 제공해 주고 있다. 특히 애원시 유형은 현재의 예배순서에 있어 그 원초적인 분위기를 상정해 준다. 그리고 순례시를 통해서 창조와 영원을 포괄하시는 하나님께 대한 비전과 신뢰를 제공해 주고 있다. 그러나 우리는 과연 얼마나 시편의 영적 교훈을 이해하고 있는가? 우리의 교회 정황에서 어느 만큼 시편의 공동체 의식을 반영하고 있는가? 정치적 위협, 사회적 타락 풍조, 종교적 분열과 사이비 종파에 의해 과연 올바른 교리와 그 교리에 따르는 생활이 실천되어지고 있는가? 시편 독자들은 이러한 제반 요소를 염두에 두고 시편 공동체의 의식구조를 두 가지로 진단해 볼수 있겠다.

첫째, 토라(율법)의 현실성에 대해서이다. 복음의 핵심으로서의 하나님의 사랑과 용서하시는 자비는 토라를 통해서 진정한 자유를 제공한다. 토라는 세속사조에 유혹받지 않게 하며 그와 멀어진 상태에서는 어떠한 자유라도 존재할 수 없게 됨을 깨닫게 한다. 그러므로 토라는 성도를 노예로 삼는 법이 아니라, 하나님 앞에서 선포되며 찬양하는 신앙고백으로서의 토라였던 것이다(시 119편).

둘째, 소명의식과 정직성에 대해서이다. 시편의 제의공동체는 세상으로부터 성전으로 은둔하려는 회피적인 것이 아니었다. 또한 전통이나 관습에 사로잡혀 있었던 것도 아니다. 시편은 그들의 예배에 대한 본질적 목적을 밝혀주고 있다. 그들은 부름 받은 공동체로서 하나님의 왕권을 인정하며 그의 공의 앞에서 정직함을 호소하였다. 곧 창조질서의 회복과 하나님의 간섭을 열렬히 지켜보았던 것이다.

3. 표현과 이미지로서의 시편 설교

독자들이 시편 설교를 즐겨 듣는 것과 본인이 직접 시편을 설교하는 것은 다른 일이다. 어느 교회에서는 담임 목회자가 새벽기도 때 1년 내내 시편만 설교했다고 한다. 그 교회 리더가 고백하길 너무나 지루하고 장황해 마지막엔 시편이 멀어지더라는 것을 자백하고야 말았다. 이러한 사례는 보기 드문 일이다. 시편 설교는 결코 지체될 수 없으며 독자들이 청취하기에도 전혀 부담이 없다면 우리는 소통이 되는 친구지간이다.

예수 그리스도는 제자들에게 설교하고 교육할 때, 시편을 구약성경의 어느 책보다 자주 사용하였다. 신약 성경의 저자들 대부분이 시편을 부담 없이 인용했음을 독자들은 알고 있지 않은가. 이처럼 시편은 신구약을 잇는 중요한 중재의 책이다. 수많은 유대인들과 그리스도인들이 오랜 역사 동안에 자신이 처한 삶의 모든 정황과 위치와 경험에 적절한 메시지를 찾아냈던 책이기도 하다. 시편은 하나님(신관)에 대해 존재하는 그대로 고백하고, 백성들의 삶에 대해 흔히 나타나는 그대로 발설한다. 시편은 우리들(백성)의 마음에 말하고 또한 우리로 하여금 마음으로 말하게 한다. 인간 일상의 삶의 자리에서 진솔하게 말하게 만드는 시편은 설교자들에게 있어서 놀라운 광맥인 것이 당연하다. 시편에 표현된 몇몇 말씀은 아주 단순하고 직설적이어서 설교할 때 매우 솔직하게 전달할 수 있다.

시편은 시로 쓴 노래이기에 기본적으로 이스라엘 백성들이 표현하기 원했던 이미지들이 들어있으며 노래이기 이전에 시(poem)였다. 우리 역시 노랫말에 '정서'(lyrics)가 깃든 가사를 갖고 있듯이 시편 자체가 가사가 되어 음악에 맞춰 부르도록 지어진 것이다. 시편을 설교할 때 히브리어 본문이 운율과 리듬을 갖는다는 기초를 놓쳐서는 아니 된다. 크리스토퍼 라이트가 강론한대로 몇 가지 모범을 말해준 것은 좋은 참고이다.

첫째, 표현의 되울림을 들을 줄 알아야 한다.
이러한 특징은 비단 시편뿐 아니라, 구약 성경에서 잠언과 욥기를 비롯해 운문 형태로 기록된 선지자들의 수많은 메시지에도 나타나는 것들이다. 소위 평행법(parallelism)이라는 전문용어이다. 대개 비슷한 문맥을 두 차례 대구 형태로 표현하는 방법인데 단순한 반복으로 들리지 않도록 문장 안에서 작은 반전을 보여주는 예를 말한다. 일명 '스테레오 효과'(stereo effect)라고 가정하기도 한다. 하나님께서 독자들에게 두 귀를 주셨다는 것과 무관하지 않다. 어떤 소리를 스테레오로 들을 때, 머리 양쪽에서 평행을 이루는 두 사운드트랙과도 같은 이치이다. 이것은 일종의 기교이며 결합 효과를 통해 뇌에서 3차원적 단일음을 만들어 내기도 한다.

이러한 기교는 말과 노래의 내용을 한층 공감하게 함으로써 말하고 자 하는 내용을 마무리하며 강조하는 수단으로 여기는 것이다. 따라서 한국어 성경에서 첫 절은 왼쪽 앞에서 여백 없이 시작되고, 둘째 절의 행은 앞 절에서 남은 공간을 그대로 둔 채 다음 줄의 왼쪽에서 시작된 다. 대체로 둘째 행이나 셋째 행은 첫 행과 대구를 이루거나 첫째 행과 무리 없이 맞부딪혀 연결되기도 한다. 시편 독자들은 이해해야 한다. 히브리어 원문의 시 쓰는 방식은 아주 자유로웠으며 운율이 정형적이 지 않았다는 사실이다.

둘째, 이미지에 주목해야 한다.
시는 생생한 표현 형식이다. 시는 심상(image)과 은유(metaphor)를 즐겨 사용하며 하나의 이미지가 상상력을 불러일으킨다. 독특한 비유 하나가 수천 마디 산문보다 강할 수 있다. 다윗이 노년에 지었다고 전 해지는 목양의 성숙한 시는 그 대상이 양들이었다. 다윗은 히브리어로 단 두 단어를 사용했다. "여호와는 나의 목자시니"라는 이 단순한 이미 지로써 다윗은 시편 전체에서 가장 사랑받고 암송할 만한 시를 작시했 으며, 독자들의 상상 속에 하나의 온전한 우주를 창조했던 것이다. 시 편 23편 1절은 은유이다. 하나의 실제를 통해 또 다른 실제를 표현했 다. 다윗이 말하려는 것은 물론 후자(은유의 대상인 목자)이다. 은유의 토대는 여호와이시다. 시편 전역에 이러한 은유들과 온갖 다양한 심상으로 넘쳐난다 해도 과언이 아니다.

한편 시편을 설교함에 있어 간과할 수 없는 것은 선지자들 역시 그림을 선호했다는 점이다. 선지자들은 예수 그리스도가 비유를 사랑하신 만큼이나 그림을 사랑했다. 물론 그것은 종이 위에나 캔버스에 그린 채색의 그림이 아닌 말로써 표현된 그림을 말한다. 구약의 선지자들은 자신이 의미하는 바를 기록하려고 머릿속에 온갖 형상을 그렸다는 것을 기억해야 한다. 성령에 의해 기록된 말씀 한 구절 한 구절이 그들 주변의 삶에서 가져온 그림이었음엔 이견이 없을 것이다. 즉 우주의 만물들, 동식물, 새, 곤충, 해, 달, 별들, 바람과 구름, 비, 불, 지진, 화산 등의 자연물에서, 음악과 건축에서, 모든 인간의 삶의 자리에서 생생한 비유를 가져올 수 있었다. 시편에서도 마찬가지이다. 이렇게 언어로써 표현된 그림을 '은유'라고 부른다. 예를 들어, 예레미야서 2장에 그려진 형상들은 예레미야가 핵심 메시지를 전달하기 위해 말로 표현된 그림을 빈번히 사용한다. 자세히 세어보면 열다섯 가지 이상의 그림에서 독자들의 상상력을 자극하고 메시지를 주입하며 한 그림에서 다른 그림으로 넘어가기도 한다. 이런 이미지를 찾아내는 것이 설교의 초심이며 이보다 더 가까운 현대화된 이미지를 볼 줄 알아야 할 것이다.

셋째, 언어를 들을 줄 알아야 한다.
시詩를 가리켜 언어 예술이라 함에는 이유가 있다. 시에다 유화나 수채화나 묵화 등의 그림을 그려 넣거나 혹은 사진들을 가미할 수 있으나 그렇게 하면 시의 가치를 한결 떨어뜨리게 된다. 시에 화가의 솜씨나 사진작가의 작품을 넣는 작업이 무의미한 것은 아니나, 그렇게 되면 순수 언어 예술로서의 영감된 시라기보다 다른 장르에 편성시키는 것이 자연스럽다. 이것이 시를 시답게 하는 시의 특징이며 개성이다.

시편 독자들이 대소 선지서를 읽고 설교할 때 느끼는 것은, 선지서의 글들이 매우 낯선 언어로 기록되어 있다는 점이다. 단지 히브리어로 예언했기 때문이 아니다. 한국어로 번역된 메시지를 읽어도 그들이 예언하는 바를 파악하기가 어렵기는 마찬가지이다. 선지자들은 당대의 학문적 논쟁이나 정치 토론에 참여했던 것은 아니다. 그들에겐 예언의 내용에 따라 생사가 걸린 문제이기도 하였다. 그러므로 선지자들은 자신들이 하는 말(계시)에 대해 그 말을 믿고 그를 따라 행동하도록 백성을 설득하려 애썼던 것을 알 수 있다. 반면 시편의 저자들은 일상의 언어로써 매우 작은 단어로 많은 것을 말했다. 앞서 살펴보았듯이 이미지를 사용해 짧게 직설적으로 말했다. 시편에 비유, 비교, 강조, 변화, 반전, 은유, 상징 등을 통해 히브리어가 가지는 시적 개성을 발휘했던 것이다.

넷째, 감정으로 느끼며 경험을 나눠야 한다.

시편은 경험의 언어이며 최상급 경건의 언어이다. 따라서 성스럽고도 다양한 경험을 둘러 싼 온갖 느낌에 저자의 목소리를 입힌다. 시편에 나타난 신앙적 경험과 감정의 범위는 엄청나게 넓다. 시편엔 인상적인 느낌이 구체적이고도 생생한 신앙의 문제로 발전하며 체험되는 풍부한 감정의 노출로 이루어진다. 감정세계는 삶에 대한 새로운 이해로 전개되며 그것을 고백하지 않고는 견딜 수 없는 체험을 통해 기록되는 것이다. 그것은 결코 뜬 구름을 잡는 듯한 옛 것이 아니다. 곧 삶에 대한 체험 대상을 해석하게 된다. 그것은 인간적인 해석이 아니라, 하나님을 향한 믿음과 지혜로써 마음에 임재하시는 성령을 통해 형상 언어로 표현된다. 거기에는 분명히 삶과 연결되는 어떤 이미지가 용해되어 있기 마련이다. 이해하고 훈련해 나아가야 한다. 그 훈련이란 핵심 장면들을 몇 개의 정황으로 나눠 반전과 변화를 찾아내며 연을 나누어 그 덩어리들을 해석하는 것을 말한다.

이스라엘의 노래엔 개인이든 공동체이든, 그 말씀 속에 절실함, 즉 구체적인 감정의 언어표상이 삶에 대한 깊은 통찰을 담아내는 표현으로 열린다. 다음은 시편에 나타나는 감정들의 모음이다. 기쁨과 행복, 감사와 고마움, 경외심과 감탄, 상처와 돌봄, 분노와 비탄, 당혹과 의혹, 고뇌와 갈망, 소망과 신뢰와 의지 등 온갖 상황을 묘사하고 있다. 독자들은 놀라지 말자. 본래 시편은 사람이 썼지만 하나님을 향해 하는 말이거나 백성들에게 여호와 하나님을 바라라고 요구하는 운문이다. 사람이 하나님께 올리는 말이라는 뜻이다. 그러나 독자들은 이러한 계시의 내용들을 하나님이 우리에게 하시는 말씀으로 읽게 된다. 이런 까닭에 사역자들은 시편의 메시지를 설교할 수 있다. 신묘하지 않은가? 시편은 단지 사람이 하나님께 올리는 말이 아니라, 여호와 하나님이 성도들에게 주시는 메시지가 되는 것이다.

이 노래들은 인간 저자를 통해 세팅되며 그들의 마음과 생각에서 기록되었지만 궁극적으로 하나님에게서 영감된 말씀의 메시지가 되는 것은 하나님의 구원계획이었다. 하나님께서 시편을 채우는 저자들의 감정에 친히 관여하신 성령의 역사 때문이다. 시편 저자들이 직면한 삶의 정황에 하나님이 계셨던 것이다. 이러한 노래들이 성령으로 내재해 있기 때문에 같은 정황에 처하거나 감정을 느끼는 독자 모두에게 하나님이 말씀하신다. 시편을 충실하게 설교하려면 저자들의 감정 속으로 들어가기 위해 노력해야 한다. 여기에 필자가 본서의 서두에 밝힌 바 있는 시편을 연구서로 읽을 것인지, 아니면 묵상집으로 읽을 것인지를 평가해야만 할 일이다. 연구자는 차갑게 될 것이며 시편을 시로 된 교리서로만 읽는다면, 독자들 자신에 관한 경이로운 진리를 발견하지 못하게 될 것이다. 그러나 시편은 무엇보다도 저자의 실제 생활과 실제의 감정으로 가득한 시로 쓴 노래이다. 각 시편의 메시지에는 언어의 해석뿐만 아니라 정황과 분위기도 파악해야 할 것이다. 각 시편의 주제는 다양한 노래 속에 포함되어 고조된다.

4. 시편 메시지의 위치

시편 기록의 목적은 하나님을 찬양하는 데 있다. 시편 독자들이 시편을 읽고 묵상하면 할수록 자신의 삶의 현장에서 하나님을 가까이 섬기며 신앙의 향상과 고백이 강하게 일어남을 느낄 것이다. 시편은 그리스도인 누구나 쉽게 접할 수 있기에 설교자들 역시 한해의 설교 스케줄에 정기적으로 넣는다. 우리는 시편에 의해서 구약성경의 신학 전체를 예배에 담는 그릇이라는 사실을 인정한다. 이러한 말의 진의를 더욱 살펴보면 시편이야말로 성경 전체의 신학을 표현한다고 믿게 된다. 물론 시편의 단위 부분은 예수님의 탄생과 십자가 죽음과 부활 사건 이전에 편집된 영감의 책이다. 그렇다할지라도 시편 독자들은 인식해야 한다. 시편은 위대한 신약의 십자가 구원 이야기를 적어도 천년을 앞당겨 고대하고 있다. 신약의 역사를 구성하는 무수한 사람들과 사건들에서 예수 그리스도와 그분의 제자들 그리고 사도들은 누구이며 선포되는 선교적 사건이 무슨 뜻인지를 독자들이 이해하도록 도우는 데 시편은 필요불가결한 책이다. 시편에 관해서 신약의 사도행전이 4복음서와 서신서들을 연결하는 복음의 아름다운 발의 활약과 행간들이라면, 시편은 구약에서 모세의 토라와 사사들 그리고 열왕들의 스토리와 대소 선지자들의 기록을 대면하는 영혼의 아름다운 입술의 연결점이라 할 수 있다. 그것은 바로 영적 이스라엘의 대를 잇는 성경 전체의 진리인 하나님 앞에서의 믿음을 연결하는 것이며 동시에 시편 기자들의 신앙을 공유하기 위해서이다.

　시편 독자들이 시편의 기자들과 함께 그 노래들을 거듭 부르다보면, 고대 이스라엘 공동체 안으로 고스란히 들어갈 수 있다. 생각해 보라, 그들은 과연 무엇을 보며 배우고 있었는가? 그들은 무엇을 기억했으며 후대에 상속해 주었는가? 이스라엘의 예배는 시편 저자들과 함께 백성들 전체의 신앙과 감사와 탄식 등 메시아 기대사상을 가르치는 지속된 교육이었다. 환언하면 하나님께서 이스라엘 백성들에게 지극히 원했던 목표도 이것이었다. 이스라엘 공동체는 이러한 노래들을 끊임없이 부르면서 자신의 믿음과 정체성의 본질을 배웠던 것이다. 이런 까닭에 시편을 설교하고 또 정기적으로 묵상하도록 교회 공동체 내에서도 독려해야 마땅하다. 독자들이 오늘날 예배의 현장에서 자주 찬송하는 것도 신앙 향상을 위해 주력해야 할 이유 중 하나이다. 현대의 많은 예배 찬송이 얕고 허전한데서 벗어나 설교와 더불어 시편에서 우러나와야 할 것이다.

시편의 메시지 위치를 구약 성경 전체의 배경에서 조명해야 한다.

• 창조와 타락, 출애굽의 약속된 파노라마에서 회상할 때, 시편엔 창조와 창조주에 관해서 자주 표현한다. 연결된 배경에서 죄와 악의 실제가 생생하게 노출되고 있으며 온갖 형태의 악에 대해 각자의 상황 속에서 말의 잔치를 벌이듯 깨어난다.

• 시편엔 믿음의 조상 아브라함 이후로 하나님과 이스라엘이 동행하는 역사가 자주 언급된다. 이스라엘 백성이 하나님을 의지하는 하나님의 성품, 출애굽의 주제와 가나안 복지를 이루는 하나님의 능력에 감격하면서 이스라엘의 신관과 교의신학이 확립되기 시작한다.

• 다음으로, 시편의 위치는 다윗왕의 후손인 예수 그리스도의 정체성과 메시아 기대, 하나님 나라의 도래를 기다린다. 이것은 그리스도 안에서 하나님의 언약이 성취되는 목적이 무엇인지를 분명히 보여주려고 시편을 자주 인용한 데서 알 수 있다.

• 일부 시편에서는 오늘날 교회의 선교를 예언하고 있다. 온 땅의 모든 민족을 구원하시려는 하나님의 소원과 인종과 언어를 초월한 만군의 여호와를 신성하게 예배하는 확신과 기대(말 1:11)를 강하게 선포한다.

• 새 창조의 역사이다. 왕권 시편에서 보여 주듯이 하나님의 통치를 선포하며 하나님이 정의로써 모든 것을 바로 잡으실 때, 피조물이 고대하던 기쁨과 공평을 소유하게 된다(시 47, 86, 96, 98, 102편).

시편 설교자가 상기한 배경의 메시지들을 숙지할 때, 비로소 하나님의 백성들에게 믿음을 교훈해주며 나아가 시편의 주제와 구조물을 제공할 수 있을 것이다.

5. 시편과 경건어

현대 교회는 시편의 참된 신앙에 입각해서 그 예배적 사명을 재인식해야 한다. 그리스도께서 시편에 의한 기도를 몸소 실천하신 결과 사도들은 물론, 초대교회는 시편을 그리스도의 이름으로 낭독했으며 찬송과 기도의 책으로 활용하였다. 외람되나마, 현재 로마가톨릭교나 희랍정교는 매주 한 번씩 시편 전체를 읽는다. 그리고 성공회에서는 한 달에 한 차례씩 150 전편을 반복하고 있다. 따라서 개신교의 기도 역사는 시편으로부터 연속성을 지니고 있음을 소홀히 할 수 없다. 하지만 오늘의 많은 사람들이 시편의 효용에 반대하고 나선다. 그 시상이나 구절이 너무 고풍스럽다는 것이며, 21세기의 세계관과 시적 발상에 도무지 들어맞지 않는다는 것이다. 아무튼 이러한 노래들이 현대인의 포스트모더니즘과 언어감각에 적합지 않음을 공공연히 소리친다.

이러한 반발에 대해 구약 학자들은 신경을 곤두세우지 않으면 안 된다. 더욱이 현대의 시편 연구는 과도한 문제성만 나열하여 서언에서 밝혔듯이 일반인들의 이해에 도움은커녕 오히려 혼미하게 하고 있음이 사실이다. 무엇보다 원문의 계시를 전혀 손상시키지 않는 계속적인 번역 사업과 연구개선이 급선무라 하겠다. 그러나 필자는 시편의 효용이 문제성을 찾는데 있다기보다는 하나님 앞에서의 경건을 회복하는 삶에 있음을 확신하고 있다. 시편에는 하나님과 공동체 개인과의 결속이 진술하게 드러나고 있다. 곧 1인칭을 사용한 시편들은 개인의 헌신생활을 소홀히 하지 않았음을 보여준다.

나의 곤고와 환난을 보시고 내 모든 죄를 사하소서
내가 주를 바라오니 성실과 정직으로 나를 보호하소서
하나님이여 이스라엘을 그 모든 환난에서 속량하소서 (시 25:18, 21~22)

여기서 시편 독자들의 전 인격을 채우며 마음이 나뉘지 않고, 외식이 없을 때 경건(םֹת tom, integrity 성실성)한 마음을 주신다. 독자들의 경건한(שֶׁר sher, uprightness 정직함) 소망의 목표가 하나님이시기 때문이다. 여호와의 화목은 그를 경외하는 자들에게 있으며 그는 백성들과 언약을 이루시겠다고 약속하였다(시 25:14).

필자는 시편을 경건의 입문서요 안내서로 읽고 있다. 그 경건의 내용을 보면 시편 1편에서 "율법을 즐거워하며 그것을 주야로 묵상함"을, 2편에선 "여호와를 섬기며 떨며 즐거워함"을 3편엔 현실의 궁지에서 "여호와께 부르짖음"을 그리고 4편에선 "여호와를 의지하는 것"으로 증거한다. 그러므로 하나님을 섬기며 의지하는 태도가 경건의 내용임을 알 수 있다(시 2:12, 56:4~5). 이것은 경건에 관한 용어(동사들)를 살펴볼 때 더욱 뚜렷해지며 다양하게 표현되어 있다.

여호와를	두려워한다(yare)	여호와께	기도한다(palal)
	부르짖는다(qarah)		노래한다(shir)
	기뻐한다(samah)		감사한다/고백한다(yadah)
	찬양한다(barakh)		예배한다(shahah)
	기억한다(zakhar)		선포한다(nagadh)
	의지한다(batah)		드린다(zabah)

등의 경건어가 보여주는 공통된 요소는 성도가 하나님께 대하여 가지는 신앙태도인 것이다. 링그렌은 언급하기를, 이것이 예배에 나타날 때 이스라엘 백성들 사이엔 깊은 영교의 친밀감이 용출되었다고 지적한다. 시편 독자들도 이러한 경건어를 개인의 기도생활에서 널리 사용하여 개인적 생명의 활기를 찾아야 하겠다. 우리들 모두가 '경건어 쓰기 운동'을 장려해야 하는 당위성을 갖는다. 시편을 통한 이러한 각성은 시편공동체에 용출된 고귀한 삶이 오늘의 시편 독자들에게도 삶의 자리가 될 줄로 믿는다.

종합 결론

시편을 현실에 적용하는 효용으로써 시편 메시지의 위치와 세계선교와 예배 때의 경건어를 살펴보았다. 각 주제 가운데 어느 것 하나 빼놓을 수 없는 세계선교의 입자들을 담고 있다. 여기에 등장하는 어휘들은 각 나라와 족속과 방언으로부터 나아온 큰 무리이다. 상기한 네 가지 인격적인 요소들은 요한계시록이 웅변하는 바 세계 보편적 인류에 대한 선교의 결과물들이다. 이러한 대상은 각각의 주제를 넘어 실현되어져야 할 시편의 신학적 사명으로 확인된다. 예수 그리스도께서 지신 십자가 구원의 적용과 선교적 대위임령을 이루기 위한 뜨거운 선포이기도 하다.

시편의 언어는 기도와 찬양, 탄식과 감사와 시온과 메시아 소망과 저주의 교량을 지나 세계선교의 지평을 새롭게 인식하도록 고무시키고 있다. 노래는 지나간 구속사를 계승하며 새 노래로써 현재의 복음전파를 축하한다. 즉 땅에서 부르는 영적 공동체의 찬양을 하늘의 여호와께서 흠향하며 다스리시는 축제를 상기시켜 준다. 마침내 그리스도를 통해 하나님이 아브라함과 맺은 약속(창 12:1~3)을 이루시며, 동시에 부활하신 그리스도를 의지하며 세계선교에의 보편성(마 28:19~20)에 시편의 메시지를 연결시키는 것이다. 예배공동체를 향해 진리가 자유롭게 하시는 신앙의 메시지(요 8:32)가 곧 구약의 토라를 통해서 주어지는 현실과 결부된다. 본서에서 서술하는 메시지 역시 시편의 말씀으로부터 되울리는 메아리들을 들을 줄 알아야하는 공감대에 있다.

다음으로 시편 독자들은 시편에서 저자들이 혼신을 다해 읊조리고 있는 표현과 이미지들에 주목하자는 것이다. 시편에서 줄기차게 호소하는 심상과 은유를 놓쳐서는 아니 될 일이다. 독자들은 지혜를 다해 인식할 사안이 있다. 선지자나 시편의 저자들이 그림(이미지)을 선호하였다는 것과 그것은 화폭에 붓으로 그린 채색이 아니라, 인류의 말로써 표현한 그림이었다는 점이다. 그러므로 색깔 감각이 아닌 영적 이스라엘로부터 영감된 언어를 들을 줄 아는 슬기가 필요하다. 시편은 곧 인류가 지니고 있는 평범한 말의 예술이며 글로써 지은 감정과 시적 체험임을 간과하지 말아야 할 것이다. 시편의 말씀 속에 하나님께서 독자들에게 교회공동체에 주시는 성령의 역사와 소명이 있고, 시편 저자들을 통해 세팅해주는 '삶의 자리'가 있다. 시편 독자들은 궁극적으로 하나님의 구원계획이 지금까지 예배 시편을 통해 조명한대로 경건한 언어 감각에도 관심을 가져야 함을 시사하고 있는 것이다.

시편의 지성

구약 시편을 읽는 사람들은
궁켈*이 어떻고
모빙켈**이 어떻고 한다
(당신도 예전에는 그랬을지 모른다)

시편은 지식이 아니건만
떠드는 '삶의 자리'도 지식이 아니건만
과도한 경쟁에
시편은 외면당하고 있다

이스라엘 문화도
시나이 광야의 돌멩이도
히브리어 시문학 유형도
양들의 잔이 넘치고
사슴이 시냇물을 찾기에
미흡할 뿐이다
돌아다니지 않는
순례는 기쁘다

기름진 묵상 너머에
신神을 향한 수직의 언약을
먼저 읽어야 한다

속된 인간의 언어로 쓴
경건한 언어만이
성령으로 친히 감동된
시편의 지성이다

– 저자의 시집 Vol. 5집
『슬픈 망고』 예영커뮤니케이션 p.194 중에서

* 헤르만 궁켈(H. Gunkel 1862~1932): 독일의 구약학자, 최초로 시편의 유형을 분류하는
      학문적 기틀 마련. 성경 양식비평의 선구자.
** 지그문트 모빙켈(S. Mowinckel 1884~1965): 궁켈의 제자, 스칸디나비아 구약연구학교
      설립자. [예언과 제의의 관계성 연구], 시편을 고대 이스라엘의 찬양집
      으로 정착론.

제의시편祭儀詩篇의
문학적 심상心象

■ 주제에의 접근

오늘 교회의 번영은 행복한 것인가? 구약의 예배시대로부터 벗어나 세속사회에 완전히 물들어 간다면 새로운 예배혁명이 불가피한 일이 되고 말 것이다. 벌써 이러한 시대에 돌입했는지도 모른다. 우리들은 종교가 한창 번성했던 구약시대의 예배에 대한 이해와 신앙을 검토하여 현대 크리스천들에게 공급해 줄 무엇을 발견해야 할 사명감에 불타고 있어야 한다. 필자는 오늘의 시편 연구야말로 이러한 요구를 충족시킬 수 있다고 확신한다. 우리는 수많은 구약 학자들을 통하여 시편의 제의적 기능과 구속사에 대하여 설득되어져 온 것이 사실이다. 때로는 과도한 문제성만 파헤쳐 시편 이해를 혼잡하게 했음도 부인할 수 없다. 시편 독자들은 시편의 역사적 가치와 정경의 보화로 인하여 새롭게 와 닿는 메시지를 발견하는 한편 박물관의 유물로 남지 않게 하기 위하여 찬양과 기도서로 그 활용이 절실한 형편이다. 본 연구로 인하여 이스라엘 공동체의 예배에 관한 재평가와 하나님의 구속사역에 대한 이스라엘의 생생한 반응을 다시 한 번 음미해 보는 계기가 될 수 있기를 바란다.

그러므로 「시편」의 방대한 규모 속에 숨어있는 보석들을 채집해 보며 제의시를 한데 묶어보면서 그 속에 나타난 문학 유형을 연구하는 것은 흥미로운 일이라 하겠다. 필자는 문학적 유형에만 집중하지는 않았다. 이 속엔 교의적 신학 주제와 그 진리가 반사되고 있다. 시편을 그저 단순한 종교시로만 이해한다면 구원에로의 계시는 크게 상실되고 말 것이다. 존 칼빈이 강조한 바 '영혼을 해부'하는 에센스로서 다양다감하다. 시편 안에는 성령의 역사를 힘입어 인간의 기쁨과 비애, 소망과 좌절, 요컨대 인간 마음의 허진함과 모든 괴로운 감정들을 생명의 차원에로 이끌어 올려주고 있기 때문이다.

1. 제의시祭儀詩란 무엇인가

한 마디로 단정할 수는 없지만, 제의 혹은 제사라는 말은 하나님과 직접적인 관계를 맺고 있는 사람들의 모든 예배 행위를 일컫는 말이다. 여호수아서 24장에 나타난 세겜 제의에 폰 라드(Von Rad)는 상당한 관심을 표시하는데, 그는 이 본문이 이스라엘 제의의 모체가 된 고대 신앙고백으로 이해한다.

제의는 대부분 시편의 근원적인 배경으로 나타난다. 현대 시편 연구에 있어서도 제의적 배경(Cultic Setting)과 구조와 해석에 큰 관심을 쏟고 있는 것이다. 그중에는 비제의적이라는 견해도 대립되어 왔으나 실제 거의 그렇지 않음을 인정하는 터이다. 구약 학자들 중엔 만일 제의적인 의미가 함축되어 있지 않는 시가가 있다면, 그것의 존재를 부정해야 한다는 데까지 이른다. 1980년대 독일의 구약학 교수이며 히브리어 문헌학자인 고트프리트 쿠엘(Gottfried Quell)은 제의 시편의 문헌적 배경을 연구하여 시편 전역에서의 제의가 세 그룹으로 나뉜다고 보고한바 있다. 첫째, 제의 그룹 가운데 총 62편이 뚜렷한(dominated) 제의 사상으로 함축되어 있다고 보았다. 시편 1, 2, 12, 14, 15, 20/21, 24, 29, 33, 44~48, 50, 58, 60, 65, 67, 68, 72, 74, 76, 78~83, 85, 87, 90, 93, 95~100, 102, 105, 107, 110, 112~114, 117, 124~126, 128, 129, 132~136, 147~150편. 둘째, 제의시로서 종교의 감정(sentiments)이 섞여 있는 그룹(kultisch-religiöse mischgruppe)은 75편. 셋째, 제의 시편과는 무관하지만 기본적으로 종교(신앙)의 표현으로 이뤄진 그룹은 모두 13편으로써 6, 19:1~7, 38, 39, 41, 88, 91, 102, 120, 127, 131, 139, 143편(이 중에 모빙켈[Sigmund Mowinckel]은 127편, 솔로몬의 시만 제의시편 그룹으로 취급함)을 범위로 한정하였다.

제의시의 가장 유력한 증거로 독일 루터교 정통주의의 거장 에른스트 헹스텐버그(Ernst Wihelm Hengstenberg)는 역대상 16장에서 기인된 시편 106편에 관해 그 결론이 무엇이든 간에 최소한 절기 때 성전에서 시편을 노래하는 관습이 있었다고 정의한다. 하지만 진정한 제의시를 시편에서 찾으면 실제 그리 많지 않음을 발견할 수 있다. 최근 보수

계 학자들 중 하젤 블록(C. Hassell Bullock)은 독일이 낳은 칼빈주의자 랑게(John Peter Lange)의 주석을 언급하며, 시 30편(성전낙성가: 칼빈은 '왕궁봉헌가'). 38편(기념하게 하는 시, 고난 혹은 하나님을 기억함), 92편(안 식일을 위한 노래, 헬라어 70인역(LXX)에서 '창조의 다른 날들을 위한 노 래'), 100편(감사시), 120~134편(성전에 오르는 노래: 시르 함마알로트) 이렇게 한정했다. 그러므로 30편과 38편이 들어있는 Ⅰ권(1-41편)과 92 편과 100편 그리고 순례시로 지칭하는 120-134편이 모두 포함된 Ⅳ- Ⅴ권(90-150편)을 제의시로 한정하는 한편 이 범위에 나타난 대부분의 저자는 다윗이니만큼 그의 신앙 역사는 독자들이 익히 아는바, 제의시 관찰에 도움을 주리라 믿고 제한하는 것이다.

2. 히브리인의 시정신詩精神

시편엔 히브리인의 민족정신과 생의 구심점이 뚜렷하게 표현된다. 저자들은 열조에게 나타난 구속사와 현실에서 하나님의 손길을 기다 리는 경이로운 발상으로 시의 이미지들을 모았다. 순례자의 찬양과 탄 식자의 감사야 말로 시편의 시정신에 드러나는 구체적인 제요소이다. 이러한 것들이 저자들의 신앙 깊은 영혼을 통해서 경건한 리듬으로 살 아나고 있다. 시편 저자들은 하나님께서 인간에게만 주셨던 고귀한 정서(정서표현의 다양성 ① nephesh: 23:3, 103:1, 143:6 ② rush: 51:12, 142:3 ③ leb/ab: 84:5, 90:12, 101:2)를 정성스레 개발하여 만물의 초점 을 하나님께로 몰입시킨다. 18세기 독일의 대표적인 신학자이며 문예 비평가였던 요한 고트프리트 헤르더(Johann Gottfried von Herder)는『히 브리 시의 정신』(The Spirit of Hebrew Poetry)에서 히브리 시는 "온화하고 부드러운 정서의 물결로써 고요하고 잔잔한 심령에 그 파문을 이룬다."고 경탄해 마지않았다. 그는 요청하기를 히브리 시를 묵상할 때, 먼저 독자 자신의 사고방식과 선입견을 버리라고 말한다. 이어 상상력으로써 자신을 고대 이스라엘의 족장과 선지자의 입장에 놓이게 하고, 그들의 사고와 감정을 이해하며 그들이 세상을 본 그대로 보며 느끼며 흡수하고 표현하라고 종용하였다. 하지만 이 영적인 노래의 조건은 시적 자질과 종교적 생명에 있으며 오직 하나님의 영으로부터 오는 것이어야 한다.

> 하나님이여 내 속에 정한 마음을 창조하시고
> 내 안에 정직한 영을 새롭게 하소서 (시 51:10).

진실과 단순함 그리고 히브리 시문을 묵상함으로 구원의 즐거움에 참예하며 자원하는 심령이 새롭게 되는 결실을 맺어야 한다.

(1) 시편의 심장과 심상

심장은 생명체의 핵이다. 거기서부터 생명은 시작되며 피는 순환된다. 심상은 숲속에서 나무를 보는 것처럼 펼쳐진 그림들이다. 시편의 핵심으로서 이미지는 기독교의 관념조차도 사물화 시킨다. 시간이든 물질이든 배경을 직접 눈으로 보게 하고 손에 쥐게 하고 코로 향기를 맡게 하며 입으로 노래 부르게 한다. 모든 훌륭한 시와 같이 시편 역시 다양한 차원으로 읽는 것이 가능하다. 초기 기독교의 맥락에서 볼 때는 한 차원이 더욱 도드라진다. 시편은 세상을 창조하고 언약을 맺은 하나님이 마침내 그분의 백성을 찾아오셔서 그분의 창조세계 안에서 구속하시는 것에 관한 위대한 서사시라는 점이다.

초기 그리스도인들은 정확하게도 이러한 구속사역이 예수 안에서 일어났던 일이라고 믿었다. 따라서 기독교의 메시지가 주는 도전은 단지 예수님이 그분의 동시대 사람들에게 던지셨던, 그분의 부활을 통해 여전히 던지고 계시는 질문뿐만이 아니다. 그 이야기 전체를 이해하는, 그 안에서 살아가는 전혀 다른 방식에 관한 도전이다. 하지만, 구속사와 메시아 신앙을 염두에 두지 않고도 시편을 읽고 노래하는 것은 완벽하게 가능하다(그것은 그리스도인이 아닌 유대인들이 오늘날에도 하고 있는 일이 아닌가?). 그러나 기독교적으로 시편을 읽고 노래하는 것은 단순히 다른 누군가의 찬양집에서 유용한 몇 구절만을 영리하게 발췌해 오는 것이 아니다. 메시아 자신을 가리키는 기도서로 이 시들을 읽고 기도하고 노래하는 것은 특별한 무언가를 요구하고 있다. 바로 시편의 심장에서 살아가라는 것이다. 다른 어떤 것도 할 수 없는 방식으로 그것이 들려주는 위대하고도 복합적인 이야기 안에 거하라는 것이다.

따라서 시편은 실제 권위를 기독교적인 의미에서 예증하고 구체화한다. 성경은 단순히 우리가 정답을 찾기 위해 들여다보는 참고 서적이 아니다(독자들이 필요로 할 때 성경엔 본질적으로 그 정답들로 가득하지만…). 성경은 단지 인간의 머리로 배우기 위해서가 아니라, 철두철미하게 그것의 일부분이 되기 위해 노래하는 위대한 이야기, 결국 우리의 일부가 되는 그런 이야기이다. 그리고 만약 이것이 성경 전체에 해당하는 사실이라면, 제대로 역할을 하는 성경의 심장에는 시편이 있다고 말할 수 있다. 이 노래들을 부르다 보면, 정수리에서 발끝까지, 가슴에서 머리까지 변화될 것이다. 이 시들을 기도하다 보면, 기독교 제자도라고 하는 길고 힘든, 그러나 진실로 신나는 길 위에 서 있게 될 것이다. 더 나아가 바울은 그리스도인을 어떤 면에서 '하나님의 시', '하나님의 예술품'이라고 기록했다. 에베소서 2장 10절을 번역할 때, 몇몇 성경에서는 이를 '솜씨'라고 했다. 바울이 여기에서 사용한 헬라어 단어는 '포이에마'(ποίημα poiema), 즉 영어 단어 시(poem)가 파생된 그 단어이다. 하나님이 시편의 시들을 선물로 주신 것은, 하나님이 우리에게 그 시들로 노래하고 기도함을 통해 빚어진 우리를, 그분의 세상에 선물로 주시기 위함이다. 그리스도인은 시를 살아내고 호흡하며 기도하고 노래하도록 부름 받았다.

물론 시에는 여러 종류가 있다. 우리 중 어떤 이는 소네트일지 모른다. 어떤 이는 긴 서사시, 어떤 이는 운을 엄격하게 갖춘 정형시, 또 어떤 이는 여백이 많거나 형식이 자유로운 시일 것이다. 시편 자체도 다양한 모양과 형식을 겸하고 있다. 하나님이 다양한 모양과 형식의 사람과 시를 원하시기 때문이다. 그리고 하나님이 이러한 풍부한 다양성을 원하시는 것은 그 다양성을 통해 그분의 넓은 세상이 갖고 있는 작고 메마른 상상력에 도전하기 위함이다(엡 3:10). 시편은 그 자체로 그저 시일 뿐 아니라, 그것을 함께 혹은 혼자서도 노래하는 이들에게 시의 원천이 되어야 한다. 시편은 하나님이 창조세계에 주신 선물이며 이를 통해 우리는 다시 그분이 세상에 주시는 선물이 될 수 있다.

위의 두 가지 경우 모두에서 심상들은 상상력을 변화시키는 역할을 한다. 시편은 하나님이 주신 이미지들로 더 크고 풍요로운 세상을 상상할 수 있도록 돕는 것을 목표로 한다. 이러한 것 자체로 멋진 일이다. 뿐만 아니라, 시편은 더 크고 궁극적인 목적을 가진다. 교회 밖의 더 넓은 세상에서, 하나님 백성들이 하고 있는 일을 보면서 이들 자체가 바로 하나님을 찬양하며 노래하는 시라는 것을 깨닫게 하신다. 동시에 세상 역시 동일한 상상력의 도약을 할 수 있게끔 일조하는 것이 그 목적이다. 이것은 시편의 크고 야심찬 목표이다. 그렇긴 하지만 성도가 노래하는 모든 시편과 함께 그 길 위에서 우리의 작은 발걸음을 한 발 내딛는 것이다.

요약하면, ① 히브리인의 서정(lyrics) ② 하나님을 향한 공동체 구성원 ③ 성령의 적극적 감동으로 말할 수 있겠다. 다윗은 그의 시를 '이스라엘의 노래'(삼하23:1)라 했고, 고라 자손은 여호와의 교훈과 말씀의 계시를 '여호와의 노래'(시 42:9)라고 했다. 그리고 교회의 성도들에게는 "시와 찬미와 신령한 노래들로 서로 화답하며"(엡 5:19) 21절에선 백성을 지으신 하나님께서 이 노래와 찬미를 가리켜 "나의 찬송"이라고 선포하셨다. 그러므로 시편은 종교적 특성만을 지닌 시가 아니라, 바로 그 자체가 성스러운 노래이다. 하지만 특별히 성령의 감동으로 이루어졌기 때문에 제의시편 사용의 가능성이 인정되는 것이다. 그래서 감동 작용이 파괴되지 않는 한 다양한 양태로 나타나 있다. 때로는 자연 예찬이 나오긴 하나, 이러한 시는 어디까지나 자연 속에 섭리하시는 하나님을 발견하며 찬송케 한다. 따라서 시편은 묵상하면 할수록 마치 성찬의 진미처럼 그 아름다운 신앙의 가치에 매료된다.

(2) 시편의 신앙공동체 의식

이스라엘 공동체는 주전 14세기경 출애굽으로부터 시내산에서 언약을 맺으면서 하나의 공동체로 형성되기 시작하였다. 이 공동체는 셈족 가운데서도 히브리 민족이었으며, 민족의식뿐만 아니라 신앙의 공동체로 발전하게 된다. 그러나 이스라엘 역사를 살필 때, 좀더 명백히 나타나기는 백성들이 가나안 땅에 정착한 이후 처음으로 조직화되고 완전한 공동체를 이루었다. 곧 12지파 동맹이다. 이스라엘의 공동체 의식은 첫째, 정치적 동기(외세 침입의 방비) 둘째, 사회적 동기(이방 문화로부터 히브리 민족의 순수성 보존) 셋째, 종교적 동기(언약 신앙)이다. 보다 중요한 것은 여호와 중심의 종교적 공동체(출 19:3-6)로서의 유일신 신앙을 고수했는데, 이는 후손들을 통하여 전수되었던 하나의 예배신학이었다(신 6:21-23). 이 의식을 시편에서 찾으면 애가와 감사표현에서, 어떤 시에선 그 주어가 복수로 쓰이고 있다(시 44:7-8). 혹은 "이스라엘은 이제 말하기를"(시 124:1, 129:1)에서와 같이 하나님의 백성의 이름이 하나로 쓰이는 실례도 있다. 제의중심의 이스라엘은 여호와의 말씀을 듣고 순복하는 공동체요. 찬양하며 축복을 기다리는 공동체가 되었던 것이다. 그러므로 공동체적 성격을 띤 시편은 그 형식적 문법적인 면을 고려하여 알 수 있다. 신약으로 말하면 크리스천의 공동체가 가지는 목적은 분명하다.

첫째, 영적 이스라엘이 된 성도는 구원의 메시지를 전달하는 자로서 서로를 만나야 한다. 이처럼 하나님은 성도들이 함께 만나 공동체를 구성하게 하셨다. 영적 이스라엘의 교제는 하나님의 독생자 예수 그리스도 안에서 그와 함께 이질적인 의義에서 발견된다. 영적 공동체는 오직 하나님의 은혜로 의롭다 하시는, 성경적이며 종교개혁의 메시지에서부터 시작한다고 말할 수 있다. 이것이 성도들이 서로의 교제를 사모하는 기초가 된다.

둘째, 오직 예수 그리스도를 통해서만 다른 사람들에게 다가설 수 있다. 통상 사람들 가운데는 다툼과 분쟁이 있다. 예수 그리스도의 사도된 바울은 "그 [예수]는 우리의 화평이시라"고 말하였다(엡 2:14). 그리스도 없이는 하나님과 인간 사이, 그리고 사람들 사이에 평화가 깃들 수 없다. 그리스도는 하나님과 사람들 사이를 중재하며 화평하게 하신다. 따라서 그리스도 없이 성도는 하나님을 알 수도 없고, 부를 수도 없으며, 그에게 다가가지도 못한다. 그리스도 없이 성도는 믿음의 형제를 알 수 없고, 그에게로 다가갈 수도 없다. 성도 자신의 이기적 자아가 형제에게 다가가는 길을 막아버리기 때문이다. 하지만 그리스도가 하나님과 형제들에게로 나아가는 길을 열어주신다. 그들은 서로 사랑하고 섬길 수 있다. 오직 예수 그리스도 안에서만 성도들은 하나가 되며, 오직 예수 그리스도를 통해서만 성도들은 서로 하나로 연결된다. 이처럼 예수 그리스도는 영원히 성도들 가운데 유일한 중재자가 되신다.

셋째, 하나님의 아들이신 예수 그리스도가 이 땅에 오실 때 성령으로 잉태되어 인간들과 같은 성품과 본성을 가진 완전한 육신을 입으셨다. 이는 삼위일체 하나님의 영원한 합의에 따른 것이었다. 영적 이스라엘은 예수 그리스도 안에 거한다. 그분이 계신 곳마다 성도는 성육신, 십자가, 부활에 속해 있는 것이다. 이 진리가 바로 성경이 성도를 그리스도의 몸이라고 부르는 이유이다. 때문에 성도의 영적 공동체는 예수 그리스도를 통해서, 그리고 예수 그리스도 안에서 존재하는 공동체이다. 성도의 공동생활을 위해 성경이 제공하는 규칙과 교훈들은 이런 전제에 기초한다.

형제 사랑에 관하여는 너희에게 쓸 것이 없음은 너희들 자신이 하나님의 가르치심을 받아 서로 사랑함이라… 형제들아 권하노니 더욱 그렇게 행하고 (살전 4:9~10)

그리스도께서 우리를 받아 하나님께 영광을 돌리심과 같이 너희도 서로 받으라 (롬 15:7)

하나님께서 친히 우리에게 가르치시기를, 하나님이 그리스도 안에서 우리를 만나셨던 것처럼 우리들로 공동체와 함께 만나게 하신다. 공동체의 형제 사랑은 그 시작에서부터 다음의 사실에 의존해야 한다. 성도들의 형제 사랑은 인간이 바라는 이상적인 모습이 아닌, 하나님의 실재이어야 한다. 성도들의 형제 사랑은 영적인 실재이지 정신적인 실재가 아니라는 점이다.

3. 제의시에 드러난 문학적 심상心象

(1) 고난당하는 인간상

시편에 나타난 인간상은 "언제까지 입니까?", "어찌하여"(시 13; 17 편)라는 질문의 연속에서 클로즈업되고 있다. 시편 저자들은 무엇보다도 안타까워하고 탄식하고 눈물지으며 괴로워하는 절망적인 상태에서도 오직 자신의 몸부림에 응답해 주실 분은 하나님 한 분 밖에 없다는 신앙고백을 견지한다. 그들은 하나님께서 아무리 침묵을 지키며 기다릴 것을 예고해도 하나님 외엔 의지할 믿음의 대상이 없음을 알고 있다. 지극한 신뢰의 충혈된 혈관이 파열된다 하더라도 그들의 신앙심과 의지만은 파괴할 수 없다는 생동감으로 한 줄 한 줄 노출한다. 이러한 시편들에 드러난 인간상은 시종일관 하나님과 관련된 계시의 감동을 통해 진리의 채광을 비춰주는 신앙 깊은 것임에 틀림없다.

이렇듯 제의시편에 나타난 집요한 노래들은 히브리 경건문학의 상아탑적인 구심점을 이루고 있다. 우리는 오랜 역사의 장벽이 있음에도 불구하고 이스라엘 백성들의 시와 신앙을 수용하여 왔다. 이제 제의시에 묘사한 눈물과 피의 경험을 더욱 자세히 살펴 그들의 정체와 회개와 구속의 역사를 더듬어 보기로 한다. ① 그들은 왜 괴로워했는가? ② 고난의 정체와 표현의 방도는 무엇이었는가? ③ 그들의 고난이 어떻게 해결되었는가?에 관해 먼저 그들의 고투하는 인간성을 밝힘으로써 접근해 보려는 것이다.

1) 고난의 정체

이스라엘 백성들의 경건생활이 고난 중에서 더욱 큰 빛을 발했음은 주지의 사실이다. 그들의 민족적 국가적 고난의 역사가 시편에 빠짐없이 점철되어 있는 바, 그 이유는 물론 지리적인 악조건의 영향으로도 볼 수 있겠다. 사방의 불온한 기후와 지대는 산업의 혜택은커녕 들짐승까지도 가뭄의 고통을 맛보아야만 하였다(시 42, 63편; 창 26:16 우물전쟁; 사 7:1 급수미비). 또한 '민족 수난가'(시 74, 79, 80편)를 통해 수도가 불타며 성전이 훼파되고 포로 된 슬픔이 그들의 고난에 대한 굴욕과 패배의 조건으로도 말할 수 있겠다. 침략자의 말발굽 아래로 잡혀가 체험했던 역사적 비애(시 137편)는 그 어느 민족의 시문에서도 발견치 못할 것이다. 그러나 그들의 고난이 지리적이고 역사적인 것보다,

오히려 신앙적(종교적)이유 때문이었음을 더 절실하게 보여준다.

사람들이 종일 내게 하는 말이 네 하나님이 어디 있느뇨 하오니
내 눈물이 주야로 내 음식이 되었도다 (개역개정 , 시 42:3)

우리가 종일 주를 위하여 죽임을 당하게 되며
도살할 양같이 여김을 받았나이다.
주여 깨소서 어찌하여 주무시나이까?
일어나시고 우리를 영영히 버리지 마소서.
어찌하여 주의 얼굴을 가리시고
우리의 고난과 압제를 잊으시나이까 (개역개정, 시 44:22~24)

42편 1절에 갈급하다(עָרַג taarog, long)는 그 근본적인 뜻이 자신이 향한다, 돌이킨다, 기울인다는 말이다. 이는 단순히 고요한 열망이나 내적인 욕망이 아닌, 갈증의 고통에 의한 헐떡거리는 갈급함의 수위에 다다른 것이다. 이어 2절에서 갈망한다(צָמְאָה thirsts 또는 thirsteth)는 어휘는 사람의 영혼과 살아 계신 하나님과의 관계에 적용되는 말이다(욥 1:20; 시 84:2~3 참고). 즉, 들짐승까지도 목이 말라 생수를 구하는 메마름으로 해석된다. 그리고 2절에 묘사된 하나님의 얼굴은 '코람데오'(CORAMDEO 하나님 앞에서)의 실천이라고 할 수 있다. 중요한 것은 3~4절에서 보여준 눈물과 기억과 상심이다. 이는 시 19편 8절의 새롭게 된 영혼과 13~14절에 표현된 죄에서 벗어남과 상호 연결 지을 수 있겠다. 주를 잊어버린 듯한 상태에서 깨어나는 저자의 슬픔으로부터 하나님을 이전과는 달리 기억하게 되는 반전이 묘사된다.

> 여호와의 계명은 순결하여 눈을 밝게 하시도다
> 주의 종에게 고의로 죄를 짓지 말게 하사 그 죄가
> 나를 주장하지 못하게 하소서… 큰 죄과에서 벗어나겠나이다
> 나의 구속자이신 여호와여 내 입의 말과 마음의 묵상이
> 주님 앞에 열납되기를 원하나이다 (개역개정, 시 19:8, 13~14 **방점** 필자)

시편 저자와 공동체가 겪는 외부의 환경적 고난과 더불어 죄의 문제도 전적으로 하나님의 헤세드(hesed)에 의해 해결되어졌다. 이것은 곧 하나님이 자기 백성을 위해 은혜와 친절로서 임재하며, 불순종과 멀어짐의 죄로 인해 비참했던 밤을 밝혀주는 빛이요 그 빛을 진리와 함

께 보내시는 위로인 것이다(시 36:10, 57:4 참고). 이렇듯 고난의 정체는 이스라엘 민족의 수난사를 신앙의 투쟁 속에서 표현하는 극점이라고 말할 수 있다. 이러한 흔적은 이방신(우상)을 인정하지 않는 시 135편 15~18절에서도 나타나며 신앙으로 말미암은 고난은 시편 경건의 특이한 점으로 부각된다. 보다 경각심과 참회를 다루게 될 죄(מִזֵּדִים mizzedîm, from presumptuous, sins)와 죄과(מִפֶּשַׁע mippeša, gression 범법의)에 대한 고찰은 장을 달리해야 할 것이다.

2) 고난의 표현

대개의 경우 저자의 표현은 애원시 구조에 포함되어 나타난다.

주여 나의 모든 소원이 주 앞에 있사오며
나의 탄식이 주 앞에 감추이지 아니하나이다 (개역개정, 시 38:9)

비록 탄식을 하지만 모든 소원이 하나님 앞에 이미 밝혀져 있음을 (시 3:3)확신하고 동시에 저자의 중심에 끓어오르는 괴로움을 참지 못하여 다음과 같은 노래로 하나님을 찬양하며 승화시킨 경우도 있다.

내 영혼아 네가 어찌하여 낙심하며 어찌하여 내 속에서
불안해 하는가 너는 하나님께 소망을 두라
그가 나타나 도우심으로 말미암아 내가 여전히 찬송하리로다
(개역개정, 시 42:5, 11)

여기 몇 개의동사 중 특히 '낙망하다'(shahah), '불안해하다'(hamah)는 저자의 고난을 표현하는 말로써 감정상태의 어휘와 전후 내용을 통하여 그들의 고민을 엿볼 수 있다. 시 11편 2절, 37편 4절에는 정직한 자를 중상하며 쏘며 죽이려 한다고 탄원하고 있으며 시 109편 16절에 이르면 마음이 상한 자 혹은 무죄한 자를 핍박하며 죽이려 한다고 호소한다. 이러한 표현이 나타나는 곳에는 항상 그들이 생명에 위협을 느낄 때이다. 그런데 이 단어들의 어근은 의의 길을 걷는 사람을 지칭한 데서 온 것이다. 정직과 무죄의 개념은 단순한 윤리면을 떠나서 고난 속에서도 하나님의 명령을 떠나지 않는 태도, 곧 경건한 삶을 목표로 하는 사람들의 결백한 신앙을 하나님의 공의 앞에 증거한 것으로 풀이할 수 있다.

3) 고난의 해결

이러한 절규가 결국은 고요하고 잠잠한 확신의 노래로 끝맺고 있다는 것은 시문학의 경이적 사실이다. 시편 저자에게 몰아닥친 무서운 격동과 격렬한 공포는 사라지고 마침내 그의 기도는 굳건한 신앙으로 감사와 찬양으로 하나님의 자비와 능력을 선포한다. 우선 고난의 해결점을 크게 두 가지로 고찰해 볼 수 있겠다. 첫째, 고난 받는 지은이는 하나님의 진실과 사랑과 간섭에 호소하여 해결책을 강구했으며 둘째, 하나님께 대한 자신의 의지심을 갖고 문제의 열쇠로 삼으려는 사상이다.

① 하나님의 진실과 사랑과 간섭

A. 하나님의 진실

아브라함이 하나님의 진실하심을 믿고(히 11:8) 순종하여 믿음의 조상이 된 것 같이(창 15:6), 호세아도 하나님의 진실을 간곡히 외쳤다(호 2:20). 이와 같은 사상이 죽음의 고난과 흑암을 경험했던 저자에게서 발로된다.

여호와여 내 기도를 들으시며 내 간구에 귀를 기울이시고
주의 진실과 의로 내게 응답하소서 (개역개정, 시 143:1)

또한 아무리 원수가 큰 고통을 준다고 해도 하나님의 진실만은 변함이 없음을 고백한다.

여호와 만군의 하나님이여 주와 같이 능력 있는 이가 누구리이까?
여호와여 주의 성실하심이 주를 둘렀나이다 (개역개정, 시 89:8)

그러므로 하나님의 진실이 백성들의 노래이며 대대에 미치고(시 100:5) 그 진실이 궁창에 닿으며(시 108:4) 영원하여 할렐루야를 영창하게 된다.

B. 하나님의 사랑(인자하심)

제의시에서 의미하는 하나님의 사랑은 고린도전서 13장에 표현한 맥락에서 같은 사랑일지라도 사랑의 성격이나 기능, 역할, 방법론으

로서의 사랑이 아니다. 이는 이스라엘 백성 앞에 직접 선포하는 사랑의 원리로써 불변의 법칙과도 같다. 다시 말하면 하나님의 사랑의 원리는 그리스도 안에서 예정된 선택과 언약에 있다. 하나님의 사랑을 말할 때 구약전체에 환치되어 온 사랑은 '아하브'(אָהַב ahab)와 '헤세드'(חֶסֶד hesed) 사상이다. 리처드 트렌치(Richard C. Trench)에 의하면 하나님의 선택적인 의미로는 '아하브'가 쓰였고(신 4:37, 10:15) 언약적인 의미로는 '헤세드'가 쓰였음(시 106:45)을 이해할 수 있다. 그런데 헬라 70인역(Lxx)엔 전자가 '아가페'(ἀγάπη)로 후자가 '에로스'(ἔρος)로 번역되었다. 여기에 에로스는 '은혜'(카리스 χάρις)보다 좁은 의미로 쓰였음을 볼 수 있다. 하지만 시편에는 거의 '헤세드'(hesed)로 기록되었는데 개역개정 성경엔 긍휼, 자비(인자) 혹은 은혜로 번역되어 있다. 헤세드는 하나님의 속성을 나타내므로 그 용법은 다양하다.

첫째, 사랑의 풍성하심 / 후하심 (rab 시 86:5, 103:11, 119:64, 145:8 등)
둘째, 사랑의 크심 / 위대하심 (ggadol 시 77:13, 86:10, 103:11, 135:5, 145:8 등)
셋째, 사랑의 영원하심 (yolam 103:17, 107:1, 138:8 등)으로 표현된다.

이 밖에도 136편은 "하나님의 은혜가 영원하다"는 표제하에 매절마다 같은 구절을 반복하고 있다. 폰 라드에 의하면, 이 노래는 하나님의 구속사적 행동을 회상하며 예배 때의 신앙고백으로 사용했을 뿐만 아니라, 현재에도 하나님은 백성들의 생활 속에서 역사하고 계시는 고백으로 이해된다. 이렇게 시편 저자의 경건은 하나님의 구원과 헤세드를 잊어버리지 않을까 항상 경계하였고(시 106:13) 하나님의 헤세드가 영원히 계속되는 구원역사를 희구하였다. 이러한 사랑은 언제나 하나님의 간섭하심에 따라 나타나는 것을 믿고 저자는 그 간섭이 유효하기를 간구한다.

C. 하나님의 간섭(섭리)

여기에 따른 사상배경은 무엇보다 출애굽 역사에 있다(출 3:9; 신 26:5; 수 24:2; 왕상 8:58; 암 9:7; 사 43:5 이하). 그러므로 그들의 역사관은 철저하게 하나님의 섭리에 뿌리내리고 있다. 충원시 유형에서도 하나님의 간섭을 기원하는 것이 그 주제이다. '일어나소서', '깨소서', '돌이키소서', '구원하소서' 등은 하나님께서 저자 자신을 위하여 간섭의 행동을 갖추어 달라는 간구인 것이다.

> 내가 환난 중에 다닐지라도 주께서 나를 살아나게 하시고
> 주의 손을 펴사 내 원수들의 분노를 막으시며
> 주의 오른손이 나를 구원하시리이다 (개역개정, 시 138:7)

위에서부터 "주의 손을 펴사 나를 큰물과 이방인의 손에서 구하여 건지소서"(시 144:7). 이렇게 역사 속에서 행동하시며 간섭하시는 하나님의 구체적인 손길은 신약의 참새 한 마리까지 다스리는 사상을 보여 주었다.

② 의지심依支心

한편 고난을 극복하는 둘째 요소로서 의지심을 들 수 있다. 이것은

경건한 호소를 통한 하나님의 응답이라기보다는 고통당하는 저자가 하나님을 향하여 무엇을 할 수 있는가의 문제이다. 궁켈은 애원시에서 이 의지적 시편을 모두 포함시켰으나 클라우스 베스트만과 제임스 뮬렌버그(C. Westermann & J. Muilenburg)는 의지시의 신학적인 내용을 탄식시보다 중시하는 경향을 띠었다. 제의시의 문학엔 하나님께 대한 인간의 관심과 태도가 시어라기보다는 경건어(이렇게 말할 수 있다면)를 통해 고백하고 있다. '노래한다'(shir, 96:1, 2), '기도한다'(phallal, qara, 116:2, 4), '찬양한다'(zamar, 92:3, 147:1), '기뻐한다'(shamah, 97:12), '감사한다'(혹은 '고백한다' yadah, 시편에만 약 50여회 사용) 등의 경건어는 모두 '의지한다'(batah)는 신앙심에서 그 정수를 찾아볼 수 있다.

바이저와 헨리 로빈슨(Artur Weiser & Henry Wheeler Robinson)도 이를 지지했으며 특히 바이저에 의하면 '의지한다'는 동사 '바타'(batah)는 '아만'(aman) 동사 어간으로 표시된 '믿는다'(헤에민 heĕmin)의 내용을 더 확대시켜 그것 대신으로 사용된 말로써 풀이한다. 이 말이 종교적 신뢰의 의미로 쓰인 것은 시편 내에 약 40회 가량이다.

이러한 표현법이 아니더라도 시편자체의 주제가 의지사상으로 굳어진 것이 많이 있다. 시 23편은 좋은 예 중의 하나이다. 환난 때에도 하나님은 자신의 피난처요, 요새이심을 확신하는 의지도 있다(시 46:91). 시 112편 6절 "그는 영원히 흔들리지 아니함이여" 등에서 신앙의 부동과 의지를 발견할 수 있으며, 이는 제의시에 나타난 고난 해결의 길잡이 역할을 한다.

■ 닫으면서

이상과 같은 주제들이 제의시 내부에서 교의 신학적 사상을 이루는 가 하면 표현에선 문학적 심상을 이루고 있는 요소들이다. 곧 제유형의 구조와 특징을 근거하여 다음의 몇 가지 교의적 주제를 도출할 수 있겠다. ① 유일신관 ② 고난의 원인과 인간죄에 대한 하나님의 헤세드(hesed 언약적 사랑) ③ 하나님의 우주적 구원 및 메시아 기대사상 ④ 시온 노래와 성전관 ⑤ 지옥(스올 Shᵉol)과 저주에 나타난 종말사상 등이다. 이렇게 제의시편은 전체로 보아 이스라엘의 구속사적인 교리와 기도요 노래인 것이다. 종교개혁자 마르틴 루터와 존 칼빈과 시편강해의 베테랑 성 어거스틴이나 찰스 스펄전도 이 점을 빠뜨리는 일 없이 선포하고 문학적 풍부함을 해설하였다. 이들은 유기적 영감과 영적인 의미를 깊이 통찰하는 동시에 계시의 진전과 이스라엘의 역사적 상황을 면밀히 검토하여 신앙적 교훈을 남겨 주었던 것이다.

필자는 시편의 연구사를 중심으로 제의시편에 함축되어 있는 시편의 심장과 심상들을 논리적으로 전개하는데 충실하였다. 그것은 물론 궁극적으로는 그리스도를 통한 구원이다. 시편은 단순한 사건만의 지식을 전달하지 않는다. 이 속에 그리스도의 탄생으로부터 수난, 죽음, 부활과 하나님의 나라에 이르기까지, 오늘날 시편 독자들의 교회생활과 올바른 예배에까지 적나라하게 예고하고 있다. 때때로 복수와 저주의 긴장감이 노출되는 경향도 있지만, 종말론적 견지에서 하나님의 공의와 저자의 경외심을 이해할 때 주제는 명료해진다. 이것은 하나님의 계시에 기초한 것이지 결코 로마가톨릭교에서 말하는 바, 하나의 스캔들이 될 수 없는 것이다. 성 어거스틴도 신국의 초안을 바로 시편에서 가져왔었다.

　우리는 영생에의 소망을 가지며 오늘의 예배에 참여한다. 동시에 장래 천국생활의 한 모형으로서의 예배가 되기를 희구한다. 왜냐하면 신약의 "주여 오시옵소서"(계 22:20)라는 기도는 단순히 심판하실 주님을 기다리는 저편에 있는 천국의 삶을 지향하는 고백으로 이해함이 타당하기 때문이다. 이는 천국의 매력, 시온의 영광과 평강의 처소로 이끌어 올리는 살아 계신 하나님을 뵙기 위함인 것이다. 결론으로 제의시편을 통해 이스라엘 백성들은 시편의 제의 속에 표현된 그대로 삶의 행위가 예배와 결속되고 있음을 알게 되었다. 시편 독자들은 이스라엘 공동체의 제의, 순례, 찬양, 애원, 저주, 왕권, 감사에 걸친 모든 예배행위에서 격조 높은 신앙을 갖추고 있어야 하겠다. 이제 우리는 견딜 수 없을 만큼 명백하게 나타난 그리스도의 십자가와 부활사건 앞에서 말로 다할 수 없는 기쁨으로 찬양하며 경배하는 예배를 드릴 수가 있게 된 것이다.

「상록수 평론」 2019 Vol. 51, 가을호

※ 본 평론에서는 원래의 원고에 게재되었던 각주를 본서의 편집시 생략함
　대신 시편 독자들을 위해 상당부분에 풀어서 서술하였다

제의^{祭儀}와 문학의
심상적 궁구^{窮究}

양식사학파의 신학자 궁켈은 다양한 양식의 시편들이 이스라엘의 제의적 예배에 그 기원을 두고 있다고 밝혔다. 그러므로 구약의 시들을 바르게 이해하려면 그 배후에 있는 다양한 제의적 상황을 분별하고 이해해야 한다는 것이다. 시편의 저자들이 이스라엘의 공동체적 제의 의식과 무관하지 않다는 의미도 된다. 그런 의미에서 시편의 제의문학적 심상은 시편을 이루는 수맥^{水脈}과도 같은 것이라 할 수 있다. 열대 정글의 선교현장에서 그리고 대학 강단에서 제의 심상을 가지고 선교하고 강의하며 시를 쓰는 윤춘식 교수가 예리한 통찰력과 심오한 궁구열로 그 수맥을 뚫고 들어가 문학적 결론을 추출해 내어 그것을 평론으로 완성했다는 것은 우리 모두에게 고맙고 기쁜 일이 아닐 수 없다. 이것은 그가 평소에 시편을 사랑할 뿐 아니라, 야웨가 이루신 이스라엘의 구속사를 깊이 묵상하고 연구한 결과라 생각되어 그의 시편 사랑에 박수를 보내는 바이다.

　윤춘식 교수는 이 평론에서 히브리인의 시정신을 논하면서 순례자의 찬양과 탄식자의 감사야말로 시편의 시정신에 드러나는 가장 구체적인 요소들이라고 논하였다. 하나님께서 인간에게만 주셨던 고귀한 정서를 하나님께로 몰입시킨 『히브리 시정신』의 영적인 노래는 시적 자질과 종교적 생명에서 비롯된다는 것에 착안하였다. 묵상하면 할수록 성찬의 진미처럼 아름다운 노래 시편, 그중에도 13편, 42편, 74편, 80편, 137편을 본문으로 하는 인간의 고난개념-문학적 심상과 103편, 107편, 119편, 138편, 145편을 본문으로 하는 하나님의 사랑개념-문학적 심상을 분석하고 대비시킴으로 시편을 문학적으로 그리고 제의적으로 이해하고 접근할 수 있도록 물꼬를 터놓았다.

　제의는 이스라엘의 민족적 삶의 자리이다. 시편의 문학적 심상은 그 제의의 한 근간이 되고 있음을 볼 수 있다. 하나님의 창조적 주권과 역사적 구원에 대한 찬양 그리고 개인과 회중을 향한 제사장의 축복이 담긴 제의 시편은 유일신관, 고난의 원인과 인간 죄에 대한 하나님의 인자하심(헤세드), 하나님의 우주적 구원 및 메시아 기대사상, 성전관과 시온 노래, 지옥과 저주에 나타난 종말하상 등의 교의적 주제를 가지고 하나님의 공의와 저자들의 경외심이 조화를 이룬 결과물이다. 이 글은 이와 같은 맥락의 문학적 심상을 깊이 음미하고 논리적으로 전개한 수작이다.

그는 문학적 심상을 가진 시인이요 제의 사명자다. 제의적 평론가를 기다리고 있는 한국 문단에 이런 사명의식을 가진 실력자가 더 많은 사람들에게 방향을 제시하고 용기를 줄 수 있다면 이보다 다행한 일이 없을 것이다. 이에 신학자요 선교사로서 이미 많은 학술논문을 발표한 바 있는 윤춘식 교수의 평론 〔제의시편^{祭儀詩篇}의 문학적 심상^{心象}〕을 2019년 상록수문학 신춘 평론문학당선작에 올린다. 기독교는 물론 한국 문단 문학평론의 질이 높아지고 성스러운 길이 열리는 계기가 되길 바란다.

심사평: 최세균 목사, 한국크리스천문학가협회장

전체 150편에 이르는 장엄한 시편을 읽는 독자들에게 본서를 드리는 까닭이
있다. 시편을 공부하지만 오히려 시편을 살라고 조언하고 싶다. 만약 시편의 독
자들이 시편을 묵상도 하며 힘든 연구도 거듭하려 한다면 이는 두 마리의 토끼
를 잡으려는 것과도 같다. 필자는 본서를 통해서 독자들이 현실 교회의 예배 참
여에 대한 갱신과 진지한 통찰이 있기를 바란다. 그렇다고 필자는 본서에서 예
배학을 말하고자 함이 아니었다. 시편 독자들 각자의 삶의 자리에서 혹은 정한
시간에 드리는 예배에서, 지정된 장소로 나아가 순례하며 참여하는 예배자로서
하나님과의 언약 안에 서는 것이다.

시편 독자들에게 부언하고 싶은 말이 있다. 먼저는 시편을 읽고서 예술적 작
시 과정을 알아보려고 관찰하는 것은 좋은 센스가 아니다. 그렇게 하는 것은 불
가능한 작업은 아니나 의미 없는 일이 되고 만다. 시편은 본래부터 하나님의 말
씀으로 읽어야 한다. 나의 말이 비록 권위 있는 표준적 주장은 아니지만 시편의
비평 연구와 예배 실제와 묵상은 시편 독자들에게 폭넓은 변화를 가져다주었다.
시편에 관한 수많은 총론과 입문서가 독자들로 하여금 시편의 말씀을 깨닫고 이
해할 수 있도록 영적인 자질을 제공해주지는 못한다. 시편 독자들은 하나님이

주시는 영적 재능을 얻기 위해 기도해야 한다. 시편은 인간이 하나님께 올리는 정서이자 동시에 하나님의 말씀이다. 주님의 자녀들이 아버지께 올리는 기도이며 가까이는 예수 그리스도의 기도이다. 이것을 외면하고서는 아무리 현명하고 주석적인 지식이 탁월하며 주해하는 방법을 지녔다 해도 지혜의 은총에 비할 바 못될 것이다. 이러한 일은 하나님의 성령의 도우심을 받을 때 전적으로 해석이 가능하게 된다.

> 육에 속한 사람은 하나님의 성령의 일들을 받지 아니하나니
> 이는 그것들이 그에게는 어리석게 보임이요, 그는 그것들을
> 알 수도 없나니 그러한 일은 영적으로 분별되기 때문이라 (고전 2:14)

따라서 필자는 이러한 총체적인 자질을 제공하기는 어렵다. 다만 본서를 통해 시편 독자들이 예배의 현장으로 나아갈 수 있도록 그 필요성과 간절함에 대한 열망을 나눌 수 있다. 독자들의 추구를 따라서 나의 트랙을 진행할 뿐이다. 시편 연구의 학문적 요소나 문학예술과 감정적 정서 외에 시편 독자들이 할 수 있는 다른 하나의 트랙이 있다. 그것은 시편의 체험과 연륜이다. 경험과 나이는 관련이 있지만 같은 의미로 취급할 수는 없다. 시편 산책은 본문과 독자들의 체험과 함께 조화를 이뤄야 한다.

언제부터인가 우리 주변에 패러다임 시프트(변이)라는 말을 너무 쉽게 적용하는 예를 본다. 특히 세계선교 분야 쪽에서 그러하다. 걸핏하면 전환이 대수인양 낡은 것이라 하여 대체하려는 경향이 있다. 하지만 시편의 제의는 현대 교회 예배의 중추이다. 시편의 주제들을 코로나 사태 이후에도 예배의 본성으로 되돌

려 놓아야 한다. 시편 저자들은 자신을 이스라엘의 예배공동체와 결코 분리해서 생각하지 않았다. 그의 정체성은 신앙공동체에 결속되어 있다. 만일 그들이 받은 구원이 개인만의 구원이며 공동체가 구원받지 못한다면, 그의 구원은 부분적인 구원일 수밖에 없을 것이다. 개인주의가 결정적 사조를 이끌어가고 있는 포스트모더니즘 사회에서 이러한 시편의 초점은 오늘날 독자들에게 신앙의 균형과 각성을 대변해주고 있다. 우리는 분명히 신앙공동체 안에 살고 있으며 교회의 예배는 주요한 삶의 자리가 된다. 시편 독자 가운데 누구도 교회공동체를 떠나서는 시편을 바르게 이해하기 어려울 것이다. 시 124편과 89편에서 그러한 속성을 웅변해 주고 있다.

> 우리의 영혼이 사냥꾼의 올무에서 벗어난 새 같이 되었나니
> 올무가 끊어지므로 우리가 벗어났도다
> 우리의 도움은 천지를 지으신 여호와의 이름에 있도다
> (시 124:7~8 **방점** 필자)

> 그를 위하여 나의 인자함을 영원히 지키고
> 그와 맺은 나의 언약을 굳게 세우며 또 그의 후손을
> 영구하게 하여 그의 왕위를 하늘의 날과 같게 하리로다
> (시 89:28~29 **방점** 필자)

개인의 관심사가 신앙공동체의 관심사로 확대 전환된 것이 시편이 선언하는 신학적 안목이다. 하나님은 그의 헤세드(인자)로써 언약과의 관계를 변함없는 영원한 약속으로 정립하고 계신다.

* * *

다음으로 필자가 시편을 학문적으로 대한 것은 신학대학원 시절 홍반식 교수의 특강을 들음에서였다. "여러분은 시편을 이해하기에 참 젊습니다. 유대 랍비의 강의는 연세 높으신 어른들이 합니다." 기억에 생생하다. 그리고는 시 23편을 히브리어로 쓰기 시작하였다. 우편에서 쓰기 시작하여 좌편으로 행이 비뚤어지지도 않은 채 가지런히 칠판을 가득 채웠다. 나는 삶의 경험이 쌓이면서 감정의 깊은 질곡을 겪는 동안 내가 시편을~ 어쩌면 시편이 나를 붙들고 있는지도 모른다고 생각하였다. 나의 시편 연구는 이렇게 히브리어의 매력과 같이 시작되었다. 한편 시편의 예배적 분위기를 경건회 때 깨달았던 것이다. 신학대학원 재학시절 경건회 시간이라 기억된다. 교수회에서 나에게 경건회 때 전할 메시지를 맡겼다. 그때는 신대원생들은 물론 교수들과 행정직원들과 학부에서도 함께 참여하는 화목한 예배였다. 나는 시편 91편을 설교했던 것으로 기억된다. 당시 80년대 초 시내에 활거하던 시내버스의 노선 번호를 되새겨보았다.

회고해 보면 당시 부산의 시내버스조합 노선 번호는 다행히도 시편 편수와도 비슷한 1번~146번까지 보유하고 있었다. 우선 고신대학교와 복음병원을 경유하는 번호를 언급하였다. 통학하든지 기숙사 생활을 하든지 학생들은 그 노선 번호들을 환히 꿰고 있었다. 나는 도입부에서 가장 먼저 17번(당감~감천)은 시편 17편이라고 연상법을 적용해 서두를 꺼내었다. 기억에서 결코 사라질 수 없는 번호이다. 더욱이 그때는 시내버스 안에서도 타고 내릴 때 기도하던 시대였다. 6번(영도~남부지역)은 시편 6편, 고신대학 인근에 차고가 있었다. 47번(서면~송도)은 47편, 그리고 필수적 환승은 1번(연산~서대신동), 2번(연산~구덕운동장), 35번과 47번(남포동 환승편), 103번과 105번(수영~신평), 119번 (반송~충무동)은 119편, 51번(전포~부산대학)은 51편, 90번과 120번(서면~ 범어사), 9번과 70번(영도발~서구 및 사하구)이 번개처럼 빠르게 지나갔다. 순간 회중석엔 폭소가 터지며 여기저기서 박장대소가 울렸다. 설교를 마치기까지 경건회의 분위기는 화기애애하였다. 웃음은 좋은 피를 만든다고 했던가! 그런데 가장 널리 알려져 주일학생들도 암송하는 시 23편은 어떤 시내버스였을까? 아쉽게도 23번은 존재감 없이 23-1이(당감~서면 귀환노선) 대신하였다. 현재는 23번이 주요한 노선으로 편승되었다고 한다. 정작 설교했던 91편의 번호는 없었다. 반가운 것은 17번 노선이 아직도 살아남아 2020년부터 더 멀리 연장되었다고 전한다. 91번도 새롭게 태어났다고 한다.

그날 본문으로 정했던 시 91편은, 필자가 1973년 3월초 입학식을 앞두고 신학대학의 기숙사에 처음 도착하던 날, 한 선배의 머리맡에 적어 놓았던 말씀이었다. 나는 본문에서 ① 예배자의 신뢰(법궤 위 그룹들의 날개) ② 예배자의 보호와 책임(사냥꾼의 덫으로부터) ③ 하나님의 응답(계시된 음성)으로서 임재의 상징이었다. 그 상징들은 날개와 덫이라는 이미지를 통해 언약으로 지켜졌던 것이다. 성소에서 대면하는 완전하신 하나님의 이름 4가지는 엘욘(Elyon 지존자, 1절) / 엘샤다이(El-Shaddai 전능자, 1절) / 야웨(Yahweh 나의 주님 아도나이, 2절) 그리고 엘로힘(Elohim 하나님, 2절)이었다. 그는 그의 종 이스라엘과 언약하고 기업을 주신 여호와이시다.

끝으로 귀하의 주일예배 행위가 은혜롭도록 자원하여 추구하는 예배자가 되기를 기대하는 마음 간절하다.

시편 산책과
연구를 돕는 안내서

1. 교의적 주제

김정준. 『구약신학의 이해』

_____. 『시편 명상』

_____. 『이스라엘의 신앙과 신학』

김희보. 『구약신학 논고』

박종칠. 『시편의 구속사적 이해』

오병세. 『소리 지르는 돌들』

홍반식, 『구약총론』

Bonhoeffer, Dietrich. (tr.) James H. Burtness. *Psalms: The Prayer Book of the Bible*.

Bullock Hassell C. *An Introduction to the Poetic Books of the Old Testament: The Wisdom and Song of Israel*.

_____. *An Introduction to the Old Testament Poetic Books: Revised and Expanded*.

Clark, Allen D. *Studies in the Psalms.*

Guthrie, Harvey H. Jr. *Israel's Sacred Songs.*

Dahood Mitchell. *The Psalms vol. I (Ps. 1-50) II (Ps. 51-100) III(Ps. 101-150)*

Harrelson, W. *From Fertility Cult to worship.*

Herder Johann, Von.(tr.) by Marsh, James. *The Spirit of Hebrew Poetry.*

Hooke, S. H. *Myth Ritual & Kingship: Essays on Theory and Practice of Kingship in the Ancient Near East and in Israel.*

Johnson, Aubrey R. *The Psalms: The Old Testament and Modern Study.*

Kraus, H-Joachim. *Worship in Israel.*

_____.(tr.) Keith Crim. *Theology of the Psalms.*

Lamb, John Alexander. *The Psalms in Christian Worship.*

Martin, C. & Walter C. & Kaiser, Jr.(eds.) *Classical Imprecation in the Psalms: Evangelical Essays in the Old Testament Interpretation.*

Mckenzic John L. *A Theology of the Old Testament.*

Morgan, Campbell. *Notes on the Psalms.*

Wright Christopher J. H. *How to Preach and Teach the Old Testament for All Its Worth.*

Wright, Thomas N. *The Case for the Psalms.*

Noth, Martin. *Geschichte Israels, History of Israel: Biblical History.*

Rad, G. Von. *God at Work in Israel.*

_____. *Theologie Des Alten Testaments, vol. I. II.* (tr.) by D. M. G. Stalker, *1. 2. Old Testament Theology.*

Ringgren, Helmer. *Faith of the Psalmists.*

Rowley Harold H. *Worship in Ancient Israel: Its Forms and Meaning.*

Rowley Harold H. & Johnson A. R.(ed.) *The Psalms in the Old Testament & Modern Study.*

Stewart Perowne J. J. *The Book of Psalms*.

Westermann, Claus. *Das Leben Gottes in den Psalmen*,(tr.) by Keith R. Crim. *The Praise of God in the Psalms*.

_____.(tr.) by Keith R. Crim and Richard N. Soulen. *Praise and Lament in the Psalms*.

Young, E. J. *An Introduction to the Old Testament*.

2. 문학적 유형

Alter Robert. *The Art of Biblical Poetry*.

Barth, Karl Frederick.(tr.) by R. A. Wilson. *Introduction to the Psalms*

Eaton, John. *The Psalms*.

Gunkel, Hermann. *The Poetry of the Old Testament*.

.(tr.) by Thomas M. Horner. *The Psalms: A Form-Critical Introduction*.

Jensen, Irving L. *Psalms: a Self-Study Guide*.

Keel, Othmar. *The Symbolism of the Biblical World: Ancient Near Eastern Iconography and the Book of Psalms*.

Lowth, Robert.(tr.) by G. Gregory. *Lectures on the Sacred Poetry of the Hebrews*.

Martin C. Imprecation in the Psalms,(eds.) Walter C. & Kaiser, Jr. *Essays on in Old Testament Interpretation*.

Mowinckel, Sigmund.(tr.) by D. R. Ap. Thomas. *The Psalms in Israel's Worship*.

3. 번역서

Auvrey, Paul. *Les Pasalmes*, 서인석 역, 『시편은 시인 예수그리스도의 노래』

Clarence, Benson H. *Old Testament Survey - Poetry and Prophecy*, 배제민 역, 『교사의 시문서 예언서 공부』

Hargreaves John. *A Guide to Psalms*, 엄현섭 역, 『시편의 새 해석』

Harrelson Walter J. *From Fertility Cult to Worship,* 장일선 역, 『구약성서의 예배』

Hassell, Bullock C. *Encountering the Book of Psalms*, 류근상 역, 『시편총론, 문학과 신학적 개론』

Kraus, H-Joachim. *Worship in Israel*, 김정준 역, 구약논문집,

Meyer F. B. *Gems From the Psalms.* 조무길 역, 『시편의 진수』

Rad, G. Von. *Predigt-Meditationen*, 문희석, 김균진 공역, 『구약성서 설교학』

Ross Allen P. *A Commentary on The Psalms.* 전광규 역, 『시편 BKC 강해주석』

Wolff H. W. *Bible-Das Alte Testament.* 이양구 역, 『구약성서 이해』

Wright Christopher J. H. *How to Preach and Teach the Old Testament for All Its Worth*, 전의우 역, 『구약을 어떻게 설교할 것인가』

4. 주석

박윤선. 『시편주석』

內村鑑三, 『성서주해전집』 vol. V. 시편, 잠언, 아가

Delitzsch, Franz.(tr.) by Francis Bolton. *Biblical Commentary on the Psalms.*

Mowinckel, Sigmund.(tr.) by D. RAP-Thomas. *The Psalms in Israel's Worship*

Calvin John.(tr.) by James Anderson. *Commentary on the Book of Psalms. Calvin's Commentaries, vols.* V(1-35편), VI(36-92), VII(93-150)

Hengstenberg E. W. *The Psalms.*

Jensen, Irving L. *Psalms, A Self-Study Guide.*

Lange John Peter.(tr.) by Moll Carl. B. *The Psalms vol. I. Commentary on the Holy Scripture(1)*

Oesterley, William Oscar E. *Commentary on the Psalms.*

Rhodes, Arnold B. *The Layman's Bible Commentary: The Book of Psalms.*

Weiser, Arthur. *Die Psalmen*,(tr.) by Herbert Hartwell. *The Psalms, A Commentary.*

5. 논문

박동현. "순례시에 관한 주석적 연구", 「장신대 교수논문집」

오병세. "구약에 나타난 이스라엘의 왕직과 하나님의 왕권", 「고신대 교수논문
집」, vol. IV.

윤춘식. "제의시祭儀詩를 중심한 문학유형과 교의적 주제", 「시편의 신학사상」,
고려신학대학원 석사논문.

Driver Samuel Rolles. *A Treatise on the Use of the Tenses in Hebrew: And Some
Other Syntactical Questions.*

Gray, Jone. *The kingship of God in the Prophets and Psalms.*

Kuntz J. Kenneth. *Biblical Hebrew Poetry in Recent Research, Part 1. Currents in
Research: Biblical Studies VI.*

Murphy Roland E. *The Psalms and Worship. ex auditu viii.*

6. 2차적인 문헌

김정준. 『시편명상』

_____. 『조용한 폭풍』

Barth, Christoph F. *Introduction to the Psalms.*

Dahood, M. *The Anchor Bible, Psalms. vol. III.*

Franken Hendricus Jacobus. *A Primer of Old Testament Archaeology.*

_____. *The mystical communion with JHWH in the book of Psalms.*

_____. *Ancient Hebrew Poems.*

Graham Scroggie W. *The Psalms.*

Keller, Phillip. *A Shepherd looks at Psalm 23.*

Lewis C. S. *Reflection on the Psalms.*

Meyer, F. B. *The Shepherd Psalms.*

Oesterley, William Oscar E. *The Psalms: with text-critical and exegetical notes: The*

Psalms in the Jewish Church

Otzen, B. & Gottlieb, H. & Jeppesen, K.(eds.) *Myth in the Old Testament.*

Pfeiffer, Robert H. *Introduction to the Old Testament. vol. V. The Writings, or Hagiographa.*

Rad, G. Von. *The Form - Critical Problem of the Hexateuch.*

Spurgeon, C. H. *The Treasury of David.*

Wellhausen, Julius. *Prolegomena zur Geschichte Israels,*(tr.) by J. Sutherland Black & Allan Menzies, *Prologue to the History of Israel.*

TEXT

Kittel.(ed.) Biblia Hebraica

NIV. New International Version

TEB. Today's English Version

Rahlfs.(ed.) Septuaginta(LXX)

한글 개역개정

DICTIONARY(Lexicon)

The New Bible Dictionary.

『성서백과대사전』

https://biblehub.com/text/psalms